CONVERSANDO COM
SÃO FRANCISCO

JAMES C. HOWELL

CONVERSANDO COM SÃO FRANCISCO

Tradução

Gilson César Cardoso de Sousa

Editora Pensamento
SÃO PAULO

Título original: *Conversations with St. Francis*

Publicado originalmente em inglês por Abingdon Press,
Nashville, Tennessee USA.

Dados Internacionais de Catalogação na Publicação (CIP)
(Câmara Brasileira do Livro, SP, Brasil)

Howell, James C.
Conversando com São Francisco / James C. Howell ; tradução Gilson César Cardoso. -- São Paulo : Pensamento, 2009.

Título original: Conversations with St. Francis.
ISBN 978-85-315-1601-6

1. Francisco, de Assis, Santo, 1181 ou 2-1226 2. Santos cristãos I. Título.

09-09398 CDD-271.3

Índices para catálogo sistemático:
1. Franciscanismo : Cristianismo 271.3

O primeiro número à esquerda indica a edição, ou reedição, desta obra. A primeira dezena à direita indica o ano em que esta edição, ou reedição, foi publicada.

Edição	Ano
1-2-3-4-5-6-7-8-9-10-11	09-10-11-12-13-14-15-16-17

Direitos de tradução para a língua portuguesa
adquiridos com exclusividade pela
EDITORA PENSAMENTO-CULTRIX LTDA.
Rua Dr. Mário Vicente, 368 — 04270-000 — São Paulo, SP
Fone: 2066-9000 — Fax: 2066-9008
E-mail: pensamento@cultrix.com.br
http://www.pensamento-cultrix.com.br
que se reserva a propriedade literária desta tradução.

Para Phillip, que primeiro me apresentou a Assis,

e

Ann Spencer, Carey, Courtney, Dana, Dianne, Grace,

Joe, Laura, Mary Catherine e Sarah,

meus companheiros de peregrinação.

SUMÁRIO

INTRODUÇÃO

No mês de outubro de 1984, achava-me em Roma visitando um amigo, ex-pastor metodista que se convertera à Igreja Católica Romana e estudava teologia na Itália. Empreender essa jornada e conhecer pessoalmente um padre no local parecia-me chique e emocionante. Numa folga de seus estudos, Phillip sugeriu que tomássemos o trem para Assis. Eu mal sabia que essa pequena viagem alteraria para sempre minha visão do mundo, minhas paixões e até meus hábitos. Eu mal sabia que ali voltaria inúmeras vezes, não como turista, mas como peregrino, arrastando outros comigo para que também conhecessem meu novo amigo, São Francisco.

Sem dúvida, eu tinha mais informações sobre o santo do que a média das pessoas. Estudara a Igreja medieval na universidade e percebia que as pequenas estátuas e fontes que enfeitavam os canteiros de flores trivializavam a imensa e evolucionária profundidade do santo de Assis.

Entretanto, nunca dera muita atenção aos pormenores da mentalidade franciscana, nem em meus estudos históricos nem em minha espiritualidade pessoal. Chegara mesmo a zombar de um conselheiro espiritual que me sugerira conhecer Francisco mais de perto. Meses antes da primeira viagem a Assis, um grupo de nosso clero metodista fora convidado para um retiro de três dias. Não só houve ali períodos longos e angustiantes em que nos era proibido falar (esforço hercúleo para um tagarela como eu) como nos impingiram o teste de personalidade de Myers-Briggs. O cínico que habita em mim resiste a essa categorização supersimplificada das complexidades íntimas: por exemplo, que "tipo" de sujeito me fechou no trânsito hoje?

O resultado do teste indicou que eu era um ENTJ*. O diagnóstico de como e por que os ENTJs pensam e agem à sua maneira convinha-me muito mais do que eu pensava. Uma espécie de desabrochar do eu, um certo aguçamento da autopercepção estavam em curso. Mas, em vez de permitir que eu me acostumasse com a definição, como o ENTJ que Deus obviamente me destinara a ser, o conselheiro começou a falar do meu lado "sombrio", do meu "outro", da zona da personalidade que me desagrada – mas onde tenho de penetrar caso queira ser mais maduro, mais pleno, menos inseguro. O oposto do ENTJ é o ISFP*: "São Francisco era um ISFP", disse-me ele. Ri alto e sacudi a

---

* ENTJ, sigla em inglês de Extrovertido, Intuitivo, Pensador, Julgador. Características de um dos tipos de personalidade definidos pelo psiquiatra Carl Jung (N.E.)

* ISFP, sigla de Introvertido, Sensorial, Sentimental, Perceptivo. (N.E.)

cabeça, com meu intelecto sarcástico ironizando a ideia de que podemos chegar a semelhante conclusão depois de quase oito séculos. Ignorava então que Francisco, esse velho camarada ISFP, iria pelo resto de minha vida (sim, pelo resto de minha vida!) ser justamente o caminho de que eu tanto precisava, que tanto buscara e só tardiamente descobriria.

INSÔNIA EM ASSIS

Phillip e eu saltamos do trem. A estação, erguida na planura da Úmbria, nas cercanias de uma cidade moderna como tantas outras na Europa, era menos movimentada do que eu esperava. Mas Phillip apontou para leste, para as montanhas. Lá estava: o burgo medieval em terraços, murado, onde Francisco crescera, quase flutuando sobre a planície e convidando-nos a entrar. Mais tarde eu leria o que o papa João XXIII dissera sobre aquele panorama: "Assis é, sem dúvida, um subúrbio do céu. Aqui estamos verdadeiramente nos portões do paraíso. Com qual desígnio terá Deus envolvido Assis nessa aura de santidade, solta nos ares, que o peregrino sente de maneira quase tangível? Ele o fez para que os homens reconheçam seu criador e se descubram irmãos".[1]

Um táxi levou-nos com as bagagens a uma pensão acolhedora, nossa base para três dias de caminhadas, visitas a igrejas, orações, conversas. Apanhei um exemplar de *As Florzinhas de São Francisco* e li as estranhas histórias da vida do santo.

À noite, embora a pensão fosse muito confortável, eu não conseguia dormir. Caía no sono rápido, mas acordava por volta de uma ou duas da manhã. Não me acho um místico e em geral costumo rir desdenhosamente de coisas do tipo das que logo irei contar, mas, estou certo, Francisco em pessoa me sacudia na cama noite após noite e não me deixava dormir. Quando ele vivia em Assis, também não dormia muito e seus amigos relataram que frequentemente o ouviam orar a noite inteira. Estaria escondido naquela pensão? Seria aquele um antro de fantasmas? Teria Francisco acordado muitos outros hóspedes?

Não sei. Mas, desde então, minha vida mudou. Voltei a Assis várias vezes e li muito do que foi publicado sobre São Francisco. Eu próprio escrevi sobre ele em outros livros e artigos; Francisco foi tema de aulas que ministrei e apareceu em tantos sermões que meus paroquianos me supuseram preso para sempre à Úmbria do século XIII.

Minhas viagens a Assis foram todas estimulantes e agradáveis, cada uma à sua maneira. Alguns dias ali com Sarah, minha filha mais velha, me comoveram profundamente e, neste livro, transcreverei trechos de seu diário e poemas que ela escreveu enquanto lá permanecemos. Em 2007, meu colega Joe Hamby e eu concebemos o incrível projeto de levar um grupo de adolescentes a Assis. Agradeço a Deus por esse lampejo que creio poder atribuir ao Espírito Santo. Ou talvez o próprio Francisco, lá do outro mundo, me conclamasse a empreender a excursão. Estudamos a vida do santo e discutimos assuntos como família, roupas, beleza e vocação, preparando-nos assim para a jornada.

De sorte que lá estava eu de novo em Assis, dessa vez com um grupo de adolescentes dos quais muitos eram de famílias prósperas como o próprio Francisco. Observei-os atentamente o tempo todo, para ver o que lhes acontecia. Será que sentiriam a presença do santo? Será que as garotas se reconheceriam em Clara, a jovem amiga de Francisco? Teríamos ali uma simples viagem de turismo ou algo mais rico, um momento decisivo em suas vidas? Acaso sucederia que um ou dois se despissem de tudo, ou ao menos de parte da vida privilegiada que levavam, para buscar a santidade?

Dia após dia percorremos os caminhos de Francisco. Ao cabo de algumas escaladas particularmente estafantes, deparamos com rochas, cavernas, tijolos unidos a pedras naturais onde se liam em italiano, ou às vezes em inglês, pequenas frases como "Francisco dormiu aqui", "Aqui orou Francisco". Andamos quatro quilômetros até o Eremo delle Carceri, o indescritivelmente belo eremitério sobranceiro a Assis, onde Francisco costumava rezar. Palmilhamos o vale de Rieti e vimos uma cruzinha vermelha que o santo pintou dentro de uma capela de pedra. Vimos também o espetacular santuário de Greccio, onde ele encenou pela primeira vez na história, ao vivo, o episódio da Natividade. Rumando para o norte, chegamos a LaVerna: ali, Francisco foi literalmente ferido por Deus com os estigmas, fato que examinaremos posteriormente neste livro.

Aonde quer que fôssemos, aqueles notáveis adolescentes e eu observávamos, apontávamos, vivenciávamos, conversávamos, refletíamos. À noitinha, após o jantar, mergulhávamos mais profundamente no que havíamos visto juntos. Em seguida, dávamo-nos as mãos e orávamos, sentindo a presença de Francisco entre nós. Essa peregrinação aguçou meu senso de comunhão com o santo. Quanto aos meus jovens amigos, suas ideias aparecem aqui em vários capítulos.

O DIÁLOGO PROSSEGUE

Naquela primeira viagem a Assis, anos antes, desejei que a experiência não me abandonasse nunca; eu queria Francisco ao meu lado durante a noite, já não na pensão, mas depois, em minha casa. Para tanto, comprei uma série de ícones: o doce Cimabue* com a face inesquecivelmente gentil de Francisco, o crucifixo românico que falou miraculosamente ao santo, reproduções dos afrescos de Giotto com momentos dramáticos da vida de Francisco. Tudo isso está agora em casa, suspenso no gabinete, no banheiro, no quarto; e também no escritório. Minha filha Grace reproduziu alguns dos afrescos e seus esboços aparecem aqui e ali nas páginas deste livro.

Coisa engraçada, os ícones. Por muito tempo, eu os considerei recursos mnemônicos para lembrar modelos de comportamento. Contemplo Francisco; logo, tento ser um pouco parecido com ele. Mas agora os ícones me parecem diferentes. Contemplo Francisco e parece-me que Fran-

---

* Cenni di Petro (Giovanni) Cimabue (c.1240 – 1302) foi um pintor florentino e criador de mosaicos. (N.E.)

cisco também me contempla. O ícone é uma espécie de janela para o paraíso, que eu nunca notara. Acredito que os santos – Francisco, meus avós e toda uma legião sagrada que ocupa pictoricamente espaço em minha vida – estejam me observando, acompanhando meus passos, franzindo o sobrolho de vez em quando, fazendo certas perguntas. Não raro me sinto embaraçado e tenho vontade de cobrir Francisco ou o crucifixo com um pano. Mas depois deixo a conversa rolar. Isso é ótimo, isso ajuda e vejo-me então mais perto do Jesus que Francisco conhecia tão bem.

Quero convidar você a participar deste diálogo. Faremos algumas perguntas – as mais difíceis, que realmente importam – e veremos o que Francisco tem a dizer. Não podemos submeter-lhe questões do mesmo modo como solicitamos "ajuda" no computador. Afinal, Francisco viveu há oitocentos anos e os estudiosos ainda pesquisam a melhor maneira de separar a fantasia da realidade. Mas vou tentar, tão confiante e dedicadamente quanto possa, avaliar quem foi ele, o que disse e escreveu, o que seus admiradores (e detratores!) afirmaram a seu respeito e arriscar algumas respostas às nossas perguntas. Sem que isso chegue a surpreender, as respostas talvez voltem para nós sob a forma de perguntas renovadas, reformuladas. Sim, Francisco pode ser conhecido. Pode se tornar um amigo. Pode ainda conversar através dos séculos comigo e com você.

E com todos. É errado ler Francisco como um catalisador só para mim e minha espiritualidade pessoal. Ele era um soldado, viajou pelo mundo conhecido na época; esforçou-se diligentemente para devolver a paz a toda a criação divina, a todos os povos em toda parte. Há inegáveis implicações sociais e políticas que aflorarão inevitavelmente ao conversarmos com esse santo cujo Deus era muito grande, muito amoroso para confinar-se aos limites estreitos da vida interior de pietismo.

UMA VIDA REDIRECIONADA

De início, talvez o que eu perguntasse a Francisco fosse algo assim: como fez aquilo? Você era real? Quanto de sua história aconteceu de fato? Se pergunto é porque quero saber como *eu* poderia também fazer o mesmo: conseguirei, de algum modo, viver uma parcela da vida que você viveu? O espantoso na história de Francisco é que todos os seus atos parecem viáveis – mas, ao mesmo tempo, ridiculamente impossíveis. Ao analisar os fatos singelos de sua vida, tudo parece muito simples e, no entanto, não há dúvida de que o que aconteceu foi nada menos que miraculoso.

Posso me identificar com Francisco. Sinto-me atraído por sua história, de contornos intrigantes, dramáticos, estranhamente modernos. Bem jovem, ele era sem exagero um ídolo *pop* em Assis. Batizado com o nome de João (Giovanni), adotou o apelido de Francisco (Francesco), que significa "Francezinho". Seu pai, Pedro Bernardone, era mercador de tecidos finos e ia frequentemente à França a negócios. Francisco aprendeu canções de trovadores franceses e tinha maneiras afrancesadas. No seio dessa família em ascensão, descobrimos um rapaz travesso e popular, um cavaleiro andante que se fazia o centro de todas as atenções.

Perdulário, gastava à vontade para ficar na última moda, comia e bebia desbragadamente. Não era, porém, um grosseirão: tinha modos refinados. Fato curioso, esses traços de personalidade – cortesia, gastança e generosidade – não foram apagados por Deus quando Francisco se converteu. Detalhe fascinante: em vez de abolir sua vida mundana, Deus parece ter-se regalado com seus dons; tomou-lhe a polidez, a prodigalidade e o caráter brincalhão e redirecionou-os para objetivos mais sagrados. Ou talvez o fato de ele ser gentil e amável, sempre com os cordões da bolsa desatados e pronto a dar festas a qualquer momento... não foi para isso que Deus fez Francisco (e nós)?

Francisco alistou-se como soldado, mas foi gravemente ferido numa guerra com a vizinha Perúgia. Convalescendo, sonhou sonhos bizarros, talvez provocados pela febre, talvez visões enviadas por Deus. Tornou-se inquieto e voltou-se para a Igreja, orando desesperadamente na capelinha de pedra quase em ruínas dedicada a São Damião. Qual criança que ensaia, deslumbrada, os primeiros passos, Francisco se fez ainda mais generoso com seus bens mundanos até seu pai processá-lo e acabar com a família.

Outros homens foram atraídos para o vórtice da espiritualidade daquele jovem tão popular. Abandonaram a cidade segura, murada e próspera para descer ao vale e viver numa granja de porcos com o mais pobre dos pobres. Francisco peregrinava, pregava, impressionava as multidões com a objetividade de sua fala e a espantosa simplicidade de sua vida em Deus. Chorava muito pelos sofrimentos de Cristo e dos pobres. Sua saúde se deteriorou e por fim ele morreu na noite de 3 de outubro de 1226. Tão óbvia era a santidade de Francisco que em apenas dois anos foi canonizado pelo papa Gregório IX, seu pastor anos antes. Já então sua maneira revolucionária de vivenciar o cristianismo se espalhara por toda a Europa e os frades ("irmãos") se contavam às dezenas de milhares.

Henri Nouwen perguntou certa vez: "Quem será o São Francisco de nossa época?"[2] Quem, realmente? Mas talvez, à maneira de São Francisco, devêssemos substituir essa pergunta embaraçosa pela seguinte: "Quem serei eu hoje? Quem, no momento, poderei me tornar?" As respostas serão provavelmente bastante simples e brilhantemente miraculosas. Que o diálogo comece.

SOBRE AS FONTES E O MÉTODO

Como chegaram até nós as informações sobre São Francisco? Neste diálogo, até que ponto deverei tentar ser exigente em relação à exatidão histórica? Permitam-me dizer que, embora instruído para me preocupar com essas questões, não quero que nos percamos no exame de fontes e atitudes eruditas com respeito a elas, embora, vez por outra, a confiabilidade de algumas tenha de ser enfatizada.

Quem quer que haja escrito alguma coisa sobre Francisco, da Idade Média até nosso século, seguia um método; eu sigo o meu. Os antigos biógrafos trataram da personagem sem fazer muitas perguntas e exageraram certos detalhes por amor ao santo – isso é maravilhoso, faz parte da história, trata-se de uma licença poética por meio da qual Deus fala conosco. Parte do encanto de Francisco é justamente haver tantas lendas a seu respeito. Isso não acontece com você nem comigo, certo?

No entanto, se estiver interessado, aqui vão algumas dicas. São Boaventura escreveu um relato da vida de São Francisco em 1263. Uma vez aprovado pela Ordem Franciscana, ordenou-se que todas as biografias anteriores do santo fossem destruídas. Os pobres franciscanos faziam o máximo esforço para se organizar, de modo que a publicação de um relato único e definitivo pareceu a muitos uma boa ideia.

Felizmente, algumas cópias de fontes mais antigas foram preservadas. Temos, assim, a primeira narrativa da vida de Francisco, redigida por Tomás de Celano – que conheceu o santo pessoalmente e começou a obra no ano de 1228. O papa, Gregório IX, amigo de Francisco, ordenou que essa biografia fosse elaborada para constar do processo de canonização. Tomás revisou seu trabalho alguns anos mais tarde, mas o texto, antes conciso, ficou um tanto enfadonho. Possuímos outras histórias antigas com títulos intrigantes: "O Anônimo de Perúgia", "A Lenda dos Três Companheiros" e "O Espelho da Perfeição". Uma reflexão poética sobre a vida de Francisco, por Henrique de Avranches, data de apenas seis anos após a morte do santo.

Eruditos, à moda dos detetives, esmiúçam os textos para descobrir até onde os autores forçam a barra e distorcem um pouquinho os fatos, mas também em que pontos nos vemos face a face com Francisco[3] – tarefa nada fácil porque ele viveu há oito séculos. Aprendi muito com especialistas que escreveram sobre Francisco: Jacques Dalarun, Chiara Frugoni, Michael Robson, Lawrence Cunningham, Joan Mueller e outros. A nova edição em três volumes do que Francisco escreveu e do que os primeiros franciscanos escreveram sobre ele (*Francis of Assisi: Early Documents*) é inestimável.

Contudo, acho que aprendi mais de escritores cujos projetos lembram o meu: descobrir um Francisco vivo hoje, ser hoje descoberto por Francisco. Os livros de Murray Bodo me parecem ótimos e o soberbo *The Sun & Moon Over Assisi*, de Gerard Thomas Straub, é imbatível. O que sonho e peço para meu próprio livro é que seu conteúdo seja historicamente exato e, ao mesmo tempo, pessoalmente confiável para você, leitor, encontrar algo de útil e verdadeiro em suas páginas.

CAPÍTULO 1

A VONTADE DE DEUS

Se você é do tipo de pessoa que gosta de ler livros como este, se faz perguntas a respeito de Deus, o significado e a finalidade da vida, se se parece comigo – então quererá, sem dúvida, saber qual é a vontade de Deus. Mais especificamente, qual é a vontade de Deus para você. A intensidade da pergunta aumenta ou diminui de acordo com as circunstâncias.

Mas, como saber? Eu mesmo tentei muitas vezes adivinhar os desígnios divinos, embora, não raro, me sentisse como um vaqueiro perdido na pradaria, vagando com uma forquilha na mão, desesperadamente sedento sob um céu sem nuvens, esperando um leve toque para começar a cavar em busca da água subterrânea.

Da primeira vez que estive em Assis, por mais vigorosa que fosse minha percepção da presença de Francisco, não entendi sua resposta a essa pergunta crucial. Qual é a vontade de Deus? Talvez não estivesse preparado para ouvir ou mesmo perguntar. Talvez fosse (serei ainda?) do tipo de pessoa que se distrai muito facilmente ou até parece um pouco lerda.

Mas, preparando-me para a segunda visita, li a história de outro peregrino de Assis que também aprendia devagar. Gerard Thomas Straub era um produtor de novelas (*General Hospital*, por exemplo) e ateu em Hollywood que, por uma reviravolta do destino, acabou em Assis – em consequência da observação casual de um padre a quem na verdade perguntara o endereço de um restaurante. A visita mudou-lhe a vida e a carreira, mudança que pude acompanhar lendo suas memórias, *The Sun & Moon Over Assisi*.

Francisco teria gostado de Straub: cínico, mundano, elegante, cheio de estilo e frequentador de gente descolada – tal qual Francisco em seus verdes anos, antes de começar a perguntar "*Qual é a vontade de Deus*?" Absorvendo sua história em grandes goles, deparei com o que anteriormente me escapara: lá estava, na página 467, uma prece, a mesma que Francisco proferia. Comecei a sublinhar as palavras e depois fiz um grande círculo ao redor; logo, num arroubo, tracei uma grande seta apontando para ela. Então decidi: vou fazer essa oração quando chegar a Assis – ou talvez imediatamente.

Deus Altíssimo
E Glorioso,
Ilumina a treva de meu coração
E dá-me, ó Senhor,
A fé correta,

A esperança firme,
A caridade perfeita,
A sabedoria e a percepção,
Para que eu cumpra
O que verdadeiramente é tua mais sagrada vontade.

Qual é a vontade de Deus? Que responderia Francisco a essa pergunta? "Ajoelha comigo e profere a oração. Não uma vez, mas muitas – hoje, mais tarde, amanhã, depois de amanhã." A persistência com que Francisco buscou a vontade de Deus é espantosa. Como o visitante de que falou Jesus, batendo à porta altas horas da noite, tão impaciente que não pararia até o amigo acordar lá dentro e trazer-lhe pão (Lucas 11:8), Francisco fez sua prece incansavelmente, enquanto lutava com Deus, enquanto se esforçava para conhecer a vontade de Deus a seu respeito.

Repare na palavra *incansavelmente*. Francisco orou muitas vezes, todos os dias, por semanas e meses, por perto de dois anos. Talvez, contraído o hábito, durante a vida inteira. De joelhos ao meu lado, Francisco observa que a vontade de Deus não é algo que se possa obter discando e sendo atendido logo depois; não se pode procurá-la no Google. Nada que valha muito a pena conhecer é tão fácil, tão rápido, tão barato assim. Para conhecer esse tesouro indizivelmente rico você tem de olhar, olhar de novo, perguntar, perguntar de novo, procurar, cansar-se, cair, reerguer-se, pressionar, fracassar, fracassar de novo – mas buscar sempre, sem desanimar nunca. Você deve bater à porta tarde da noite e durante todo o dia seguinte. Quando Francisco caminhava, sempre parava para orar; quando ia a cavalo, puxava as rédeas e apeava para fazer suas preces.[1]

O prazer está na busca. A alegria está no relacionamento obtido quando se diz a Deus: "Tu és importante, isto é importante, eu não serei repudiado". Belas palavras usou Tomás de Celano para descrever esse galante período da vida de Francisco e a virtude inabalável de toda a sua existência: "Orava contritamente para que o Deus eterno e verdadeiro lhe apontasse o caminho e lhe ensinasse a cumprir Sua vontade. Suportou grandes sofrimentos na alma e não conseguia descansar até fazer, na prática, o que concebera no coração".[2]

ONDE ORAR?

Para que Francisco possa nos transmitir algo sobre a vontade de Deus, temos de levar em conta *onde* ele orava: não em qualquer lugar, mas numa igreja, a pequena capela de pedra de São Damião, caindo aos pedaços, insignificante, mas ainda um local sagrado. Francisco reservava um tempo para ir em carne e osso até lá, passava horas diante do altar em que a Eucaristia era abençoada e servida, em que a Palavra era lida e proclamada, em que o batismo, a penitência e mesmo a extrema unção eram ministrados. Qual é a vontade de Deus? Francisco diz: *Ajoelha-te ao meu lado, mas ajoelha-te numa igreja.* "O Senhor está em seu santo templo; que a terra inteira se cale diante dele" (Habacuque 2:20).

E qual era o ponto focal naquela igrejinha? Uma grande cruz de madeira, em estilo românico, pintada algumas décadas antes de Francisco nascer, adornada com uma iconografia complexa e mostrando pequenas imagens de Maria, mãe de Jesus, Maria Madalena, soldados, espectadores, anjos e até santos como São Miguel, João Batista e São Paulo. Pairando acima deles, a mão de Deus Pai se projeta do céu sobre a terra, num gesto de bênção.

Mas no centro da cruz, dominando tudo, está o Cristo. Vemos seus pés e mãos trespassados por pregos, sua cabeça coroada de espinhos, seu flanco ferido pela lança do soldado, pequenos filetes de sangue escorrendo-lhe pelo corpo. No entanto, esse Jesus parece forte, plácido, quase luminoso, com os olhos ligeiramente voltados para cima e uma expressão que irradia amor, não arrebatamento.

Séculos atrás, as autoridades eclesiásticas transferiram esse crucifixo para um local mais movimentado no centro da cidade, a bonita igreja de Santa Clara, a apenas cinco minutos de caminhada do meu hotel. Achei que visitar a igreja de Santa Clara e rezar aos pés da cruz diante da qual Francisco orou seria uma ótima maneira de começar aquele dia – uma maneira nada má de começar qualquer dia.

Após o café da manhã, juntei minhas coisas para ir direto à igreja de Santa Clara. *Deveria levar também o livro de Straub para fazer a oração da página 467*? Com mais de seiscentas páginas, o volume é pesado... *Vou copiar a oração num pedaço de papel* – e foi o que fiz, embora desnecessariamente. Não percebera, em minha visita anterior, que na porta do hotel, em toda vitrine de loja e na entrada de toda igreja de Assis havia pequenos postais com a prece de Francisco. Comprei alguns, planejando enviá-los pelo correio a amigos e tê-los em casa para presentear pessoas que estivessem procurando a água subterrânea.

Depois, entrei na igreja. A cruz não é visível da nave, está dependurada numa pequena capela à direita, o Oratorio del Crocifisso. Ninguém pensa em fotografá-la: a santidade do lugar faz com que caiamos de joelhos. Ajoelhei-me. Estaria Francisco por ali? Curvei a cabeça, em seguida mirei a face de Jesus por longo tempo, abri o papel em que copiara a prece e comecei a falar com Ele – primeiro sussurando e depois, ao ver que não havia mais ninguém no recinto, em voz alta.

Deus Altíssimo
E Glorioso,
Ilumina a treva de meu coração
E dá-me, ó Senhor,
A fé correta,
A esperança firme,
A caridade perfeita,
A sabedoria e a percepção
Para que eu cumpra
O que verdadeiramente é tua mais sagrada vontade.

Comovido, eu? Muito mais que isso. Senti-me como, a meu ver, sentiu-se aquele paralítico que os quatro amigos baixaram pelo buraco do teto a fim de pô-lo frente a frente com Jesus.

Lembrei-me de que, após repetir a prece muitas vezes diante do crucifixo, Francisco ouviu Jesus murmurar alguma coisa. Desejei também que ele falasse comigo e até supus que isso aconteceria a qualquer momento. E se Jesus falou mesmo, mas eu estava surdo demais na alma para ouvi-lo? Desde aquela visita, conservei os pequenos postais com a prece na gaveta de cima da escrivaninha de meu escritório, numa gaveta do guarda-roupa de minha casa e no compartimento bagunçado do carro sob meu cotovelo direito. Teria Jesus respondido? Talvez. Mas meu interesse pela vontade de Deus amadureceu um pouco e de vez em quando me surpreendo a pensar – e a agir – de um jeito diferente.

Pergunto-me o que escreveria Francisco se lhe déssemos um quadro-negro e um giz, pedindo-lhe para analisar a prece. Para onde viajava sua mente enquanto ele proferia cada frase, cada palavra?

DEUS ALTÍSSIMO E GLORIOSO

A prece começa com Deus, não comigo. Francisco conhecia a estatura, a grandeza, o porte imenso de Deus, embora sua compreensão científica do universo fosse precária. Subia caminhos íngremes para orar bem no alto. Dormia sob as estrelas quando não havia quase nenhuma luz ambiente, nenhuma luz artificial. Assim, estirado de costas, tranquilo, podia ver o que não vemos mais, miríades de pontinhos luminosos, chuvas de meteoros e a profunda escuridão que para Deus não é escura. Devia saber de cor o Salmo 8:1-8:

> *Ó Senhor, Senhor nosso,*
> *Quão majestoso é o teu nome em todo o Universo!*
> *Pois teu nome proclama a tua glória lá nos céus! ...*
> *Quando contemplo os teus céus, obra dos teus dedos,*
> *A lua e as estrelas que preparaste,*
> *Que é um mortal para que te lembres dele*
> *E o filho do homem para que o visites?*
> *Contudo, pouco menor o fizeste do que um ser celeste*
> *E de glória e de honra o coroaste.*

Mais adiante, veremos quão exuberantemente se deleitava Francisco com as obras dos dedos de Deus.

Mas, quando ele perguntava "Que é o homem ... e o filho do homem ...?", sem dúvida não pensava em si mesmo – tão pequeno ante a imensidão do espaço e dos campos –, mas em Jesus. Sua visão de Jesus era que o Deus Altíssimo e Glorioso não desejava permanecer lá no alto, a distância. Esse Deus Altíssimo e Glorioso proclamou sua glória descendo à terra sob a forma humilde de um homem, Jesus – de sorte que a grandeza de Deus é medida pela pequenez do Cristo encarnado no Jesus menino. A prece que busca a vontade de Deus é, como certas lentes de aumento, focalizada em algo minúsculo, suave, vivo. Deus desceu das alturas porque amava, ama – portanto, a vontade de Deus se refere sempre ao amor, à submissão, à humildade, à caridade.

Contudo, muitas vezes achamos que Deus está muito baixo, quando ele é o Altíssimo. Reduzimo-lo ao tamanho que nos convém, supomos que ele só exista para nos servir. Quando Francisco fazia sua oração, estava doente, cronicamente doente. Se adoecemos, concluímos que Deus nos quer ver recuperando a saúde – por isso rezamos, não perguntando a ele o que espera de nós, o que pretende nos ensinar, ou qual será seu projeto a longo prazo, mas pedindo apenas a cura. É compreensível! Mas Francisco achava que sua demorada doença era para quebrar sua teimosia, humilhá-lo e aproximá-lo de Deus, coisa que não fizera quando estava saudável e forte, cheio de invencibilidade juvenil. Quando somos ágeis e vigorosos, nem sempre buscamos a vontade de Deus ou então reduzimo-lo a uma força que apenas nos deve dar uma mãozinha ao longo do caminho. Ele, porém, é mais que um amparo em minha vida independente, embora eu nunca consiga ter um vislumbre dessa grandeza se não estiver deitado de costas.

Deus é majestoso. Deus é mais impressionante que a chusma de estrelas na Via Láctea. No entanto, se fez pequeno e curva a cabeça para nos ouvir quando começamos nossa oração com as palavras "Deus Altíssimo e Glorioso". Mergulhado na treva, aquele que ergue os olhos para a escuridão só deseja uma coisa.

ILUMINA A TREVA DO MEU CORAÇÃO

Há treva lá fora e dentro de mim. Mesmo o mais santo, o mais íntimo de Deus tem de admitir que "hoje vemos por espelho, em escuridão" (I Coríntios 13:12). Meu coração está dividido, perturbado, comprometido. Deixei que se acumulassem nele horríveis bloqueios, que lançam sombras compridas em minha alma. Não consigo ver para onde ir e sequer sei como ir. Preciso de luz.

Talvez pensemos que somos brilhantes e sabemos muita coisa. Mas quando olho bem de perto e percebo que meu coração está escuro, quando não distingo para onde ir ou como ir, só então me abro para a luz da vontade divina. Começo por minha falha. "Há uma fenda em tudo; por ela é que a luz penetra" (Leonard Cohen).

Quanta luz estou procurando? De quanta luz preciso realmente? Quando busco a vontade de Deus, às vezes me vem o desejo pueril de consultar um mapa profusamente iluminado, repleto de luzinhas que piscam, uma claridade brilhante, com o trajeto todo demarcado sem a mínima incerteza. Mas a luz que Deus manda é a que Francisco decerto empunhava ao vagar pelas sombras da Úmbria, quando ainda não existia iluminação pública: uma vela, no máximo uma pequena tocha. Você consegue enxergar longe com uma vela? Não muito.

Mas talvez o suficiente. Mesmo a chama hesitante de uma vela consegue banir a escuridão ou bani-la o suficiente para dar um passo ou dois e, em seguida, enxergando um pouco à frente, mais um ou dois. É assim que evito esbarrar numa árvore numa rocha: vejo o bastante à minha frente e vou andando, olhando. A vontade de Deus é mais ou menos assim. *Ó Senhor, ilumina a treva do meu coração*. Não estou pedindo o brilho intenso do meio-dia. Apenas dá-me luz suficiente para avançar um passo ou dois e, mais adiante, mostra-me o que me quiseres mostrar.

DÁ-ME A FÉ CORRETA

Que é fé? E que entendia Francisco por fé "correta"? Pode haver uma fé errada? Quando eu estava na faculdade, sem o mínimo interesse em Deus ou qualquer tipo de espiritualidade, fiz um curso de filosofia existencialista. O professor me indicou um tema de trabalho: Paul Tillich. Eu nunca ouvira falar dele, mas comecei a pesquisar e descobri que era um teólogo alemão emigrado para os Estados Unidos, onde lecionou em Chicago.

O primeiro livro de Tillich que encontrei na biblioteca foi *A Dinâmica da Fé*. Para mim, a fé sempre fora algo que você tem ou não tem; tê-la talvez seja uma boa coisa, não tê-la talvez seja uma coisa má – ao menos para as pessoas mais interessadas em religião do que eu. Tillich, porém, afirmava que todos temos fé em alguma coisa. Fé é aquilo em que confiamos, aquilo em que investimos: fé é minha "principal preocupação". E essa preocupação principal pode se voltar para o que é falso, para o que não corresponde, para o que apenas me engana e me deixa desolado.

Dá-me a fé correta. Ter fé é perigoso quando essa fé não é verdadeira, quando não se dirige apaixonadamente para o Deus real. Mas a fé é algo que conjuro dentro de mim mesmo? Não, a fé – se Francisco está certo – é um dom. *Dá-me a fé correta.* Por mim mesmo não a tenho; ou então posso, ludibriado, ir atrás de toda espécie de falsos ídolos. Lembremo-nos sempre de onde Francisco orava: na igreja, diante de Jesus. A fé, sem o magistério da Igreja, das Escrituras e do Senhor, às vezes nos mergulha em confusão. Só descobrirei a vontade de Deus quando a pedir como um presente, quando a aguardar como um subproduto da fé correta, cultivada no relacionamento com o Deus verdadeiro e seu filho Jesus no local onde Deus quis que ele fosse conhecido e que a Sua vontade fosse revelada.

Não estamos sós na busca da vontade divina *por intermédio* da fé correta, com Jesus na Igreja. A cruz pintada que obcecava Francisco mostra discípulos, anjos, santos e muitos outros que também desejavam conhecê-la. Aprendemos a vontade de Deus quando nos deixamos arrastar pela maré de suas preces, de sua vivência dessa vontade.

Deus quer que saboreemos e aproveitemos a comunhão dos santos, esses amigos de Deus que buscaram Deus, ouviram Deus, não encontraram Deus, continuaram procurando Deus, serviram a Deus e agora se acham na presença de Deus. Eles estão prontos para nos ajudar. Eles podem nos ajudar. Confiamos nos amigos de Deus, nossos irmãos e irmãs veteranos na fé, para que nos inspirem e ensinem. Não os vemos; mas Francisco sabia que a fé correta sempre pressupõe a esperança, "a prova das coisas invisíveis" (Hebreus 11:1).

A ESPERANÇA FIRME

A esperança é a mais importante das virtudes, a virtude mais distintivamente cristã. Não se trata do otimismo radiante pelo qual tudo será melhor amanhã – embora Francisco pareça ter nascido com uma personalidade radiante, otimista. A esperança é a crença a longo prazo no futuro estabelecido por Deus, que pode amainar a tempestade caso amanhã as coisas piorem. Francisco suportou o pior e até buscou o sofrimento para encontrar a vontade de Deus, sem nunca duvidar do futuro radioso que Deus nos reserva.

A esperança não depende de você e eu nos esforçarmos – ainda que Francisco e seus amigos trabalhassem com afinco para fazer o melhor a cada dia. A esperança não depende de nós e sim de Deus. Francisco era animado por uma fé inabalável em Deus, uma confiança indestrutível em que Deus faria o melhor e conduziria tudo a bom termo, pois nas mãos de Deus repousa em segurança o futuro.

Se a esperança é nossa fé no futuro prescrito por Deus, então podemos viver corajosamente o dia de hoje. Não avaliamos nossos esforços pelos resultados ou pela falta deles; sempre podemos fazer o bem quer haja chance de sucesso ou não, encarando o pequeno esforço de hoje como parte do projeto maior de Deus. A esperança nos isenta de fazer cálculos; podemos viver tranquilamente para Deus, já que quem tem esperança não teme. Quem tem esperança ama.

A CARIDADE PERFEITA

Para nós, a palavra *caridade* significa algo assim como dar uns trocos aos pobres. Todavia, *caridade* deriva de uma palavra grega e quer dizer amor, graça, clemência. Francisco orava pedindo amor e amava com paixão exuberante. A vontade de Deus é o amor. Nada tem a ver com especulação abstrata; significa que amo, que sou amado, que Deus ama – e que o amor é real, prático, pronto ao sacrifício, tangível, ativo, duradouro.

Minha incapacidade de amar não será um verdadeiro buraco negro onde caí e que me impede de caminhar à luz do dia da vontade de Deus? Ou terei banalizado o amor reduzindo-o a sentimentos ternos e vagos para com pessoas de que gosto ou parecem existir apenas para satisfazer aos meus desejos? A história de Francisco gira em torno daquilo que ele aprendeu no convívio com diferentes tipos de pessoa – um cavaleiro, um mendigo, um nobre, amigos, seus pais. Aos poucos ele foi juntando os pedaços da sua vida e da manifestação de Deus neste mundo. Pierre Brunette escreveu um livro sobre as *conversões* (no plural!) de São Francisco,[3] com cada momento dramático nessa série de conversões ocorrendo quando ele se via face a face com alguém e tentava amá-lo.

O encontro decisivo foi com um leproso. Francisco confessou que, como toda a gente na Idade Média, se sentia nauseado à vista de leprosos, esses párias afligidos por horrenda doença de pele e banidos da sociedade porque se julgava que o mal fosse letalmente contagioso. Mas ele próprio testemunha: "O Senhor me conduziu para o meio deles e eu os confortei. Quando parti, o que antes me parecia amargo se tornara doçura na alma e no corpo".[4] Beijou um leproso, depois outro, e outro ainda. Passou boa parte da vida cuidando de leprosos e foi graças a seu amor pelo "outro", por aquele de quem poderia ter fugido, que descobriu a vontade de Deus.

Não que a vontade de Deus seja apenas amar o impossível de amar! Vivemos fora de sintonia com Deus, cheios de prevenções, oprimidos por preconceitos, metidos com nossos próprios interesses e por assim dizer usando vendas que nos afastam de Jesus – e nunca conheceremos a vontade de Deus antes de encontrar e amar o leproso, descobrindo em nós mesmos o que não é digno de amor e, ainda assim, o fato de que também somos amados. Então (e somente então) estaremos perto de ouvir e começar a cumprir a vontade de Deus.

A vontade de Deus exige o amor chamado perdão. O amor, a vontade de Deus, me coloca em situações nas quais não sou o centro do universo. Amo; e, por amar, fico bem perto da vontade de Deus. Se não amo, e na medida em que deixo de amar, isolo-me da vontade de Deus.

Esse amor é difícil. Por que, então, Francisco lhe acrescentou o adjetivo *perfeito*? Meu amor não é perfeito. Mas o de Francisco também não o era – muito embora assombroso, exemplar e tão perfeito quanto possamos supor. É que *perfeito* não precisa significar sem falhas, imutável, puro como o cristal. Adotando as Regras da Ordem de Roberto, nós *aperfeiçoamos* um movimento, ou seja, tentamos fazer alguma coisa e depois a refinamos. O amor perfeito tenta, melhora, aperfeiçoa e jamais cede à complacência.

Afinal, o amor se rejubila em sua própria e rara perfeição. Tente dizer a um apaixonado que seu devotamento à amada não é perfeito. Podemos zombar de sua inocência ou imaturidade, mas no fundo do coração ele ama integralmente, zelosamente, e não dormirá sossegado até satisfazer a algum pedido insignificante que ela lhe faça. Era assim que Francisco amava Jesus.

Talvez o amor perfeito seja aquele que Jean Vanier, após uma vida inteira de dedicação a pessoas com deficiências graves, descreveu com tamanha eloquência:

> Amar uma pessoa não é, primeiro que tudo, fazer alguma coisa por ela, mas revelar-lhe sua beleza e valor,

> falar-lhe por intermédio de nossa atitude: "Você é bonita. Você é importante. Confio em você. Você deve confiar em si mesma". Bem se sabe que podemos fazer coisas pelos outros e ao mesmo tempo anulá-los, levá-los a acreditar que são incapazes de agir por si próprios. Amar alguém é induzi-lo a descobrir sua capacidade de viver, a luz que brilha em seu íntimo.[5]

Francisco via beleza em todos, não anulava ninguém, revelava a capacidade de cada um – e isso era cumprir a vontade de Deus.

SABEDORIA E PERFEIÇÃO

Francisco era inteligente? Talvez; no capítulo 5 veremos que sem dúvida tinha cultura. Mas seria sábio? Sim, muitíssimo. Há gente bastante engenhosa. Conhecemos pessoas com QIs impressionantes, dotadas de talento especial para ganhar dinheiro, verdadeiras feras no piano e com habilidade tremenda para consertar coisas. Mas onde reside a sabedoria?

A sabedoria pode estar em uma pessoa de QI baixo ou que viva longe de tudo no campo, entalhando madeira numa varanda. O brilho intelectual às vezes até bloqueia a sabedoria; os titãs bem-sucedidos costumam desdenhá-la como coisa inútil. Ralph Waldo Emerson elogiou Harvard por cultivar "todos os ramos do conhecimento", ao que Henry David Thoreau retorquiu: "Sim, mas sem nenhuma raiz".[6] A raiz está lá no fundo da terra, não na superfície.

Fizemos grandes progressos tecnológicos desde o tempo de Francisco; mas não estaria Thoreau certo ao classificar a maioria das invenções modernas como "meios aperfeiçoados para chegar a um fim imperfeito"?[7] A sabedoria se preocupa com a finalidade, com o objetivo da vida. Não raro esquece o momento para considerar implicações a longo prazo. A sabedoria é paciente, concentrada, difícil de perder o equilíbrio; em suma, serena. Francisco agia sempre como se orientado por um giroscópio interno, motivo pelo qual as pessoas detectavam à sua volta erupções da glória de Deus.

A sabedoria nasce do cadinho da experiência: tempos difíceis, padecimentos, sacrifícios. Não se pode ganhar a sabedoria do mesmo modo que se ganha um presente inesperado. É preciso vivê-la, aguardá-la, testá-la, deixá-la vir da boa terra e infiltrar-se através das solas dos pés; só assim começamos a perceber que nos tornamos uma coisa só com Deus, a Sabedoria. Francisco ouvia sua vida, prestava muita atenção à vida dos outros e em tudo conseguia perceber Deus.

Sabedoria é percepção – observar a vida, o mundo e o próximo da perspectiva de Deus. A prece constante instalou essa visão divina na alma de Francisco. Da perspectiva de Deus, Francisco via abaixo da superfície das coisas e, vendo ao longe, de olhos atentos, procurava não apenas o que pensar, mas, bem mais importante, o que fazer.

PARA QUE EU CUMPRA O QUE VERDADEIRAMENTE É TUA MAIS SAGRADA VONTADE

Pensamos corriqueiramente que é importante conhecer a vontade de Deus, entender a vontade de Deus, dar sentido à vontade de Deus, perguntar qual é a vontade de Deus. Para Francisco, tudo era bem mais simples. Com sua prece, ele não tencionava gastar o tempo examinando mental ou intelectualmente a vontade de Deus. Sua paixão se resumia a *cumprir* a vontade de Deus.

A vontade de Deus é algo que fazemos. Somos instados a "sermos executores da palavra e não apenas ouvintes" (Tiago 1:22). Deus quer que façamos alguma coisa. Deus deseja que nos ponhamos em movimento – agindo, buscando, manuseando, andando, envolvendo, levantando. No entender de Francisco, a vontade de Deus não era uma absorta ruminação sobre si mesmo: voltava-se para os outros, o leproso, o pobre, o papa, um amigo, um estranho. A vontade de Deus não é especulativa, alvo de debates intermináveis que só fazem adiar as mudanças no padrão da nosssa vida.

Quando, pela primeira vez, li o ensaio penetrante de Nicholas Lash, "A prática das Escrituras", rabisquei o nome de Francisco na margem, em letras garrafais.[8] Lash, inteligentemente, lembra-nos que a Bíblia é como um roteiro de teatro que só tem uma razão de existir: ser interpretado no palco, não apenas lido ou estudado. Nós interpretamos a Escritura com nossas palavras, nossos atos, nossa vida e nossa morte postos deliberadamente em sincronia com a morte, a vida, os atos e as palavras de Jesus. Dizemos que a Bíblia é sagrada; mas sagradas devem ser as pessoas que a põem em prática.

Sentimo-nos tentados a replicar com uma artimanha teológica do tipo: "Somos salvos pela graça, não pelas nossas ações". De fato. Francisco foi completamente envolvido pela graça de Deus, tanto ou mais que qualquer outro ser humano do qual tenhamos conhecimento. Foi essa abundância da mercê divina, essa largueza sem limites que levou Francisco a fazer, a agir, a buscar incansavelmente aquilo que Deus queria dele. Faremos algo hoje, esta noite e amanhã; então por que não fazê-lo em consonância com a vontade de Deus? Assim, Francisco proferia a oração que vimos analisando e também outra, que recomendava aos amigos:

> *Deus Todo-Poderoso, Eterno, Justo e Misericordioso,*
> *Dá-nos, insignificantes que somos, a graça de fazer por ti*
> *O que sabemos queres que façamos.*
> *Faze-nos desejar sempre aquilo que te agrada.*
> *Imaculados por dentro, interiormente iluminados*
> *E inflamados pelo fogo do Espírito Santo,*
> *Possamos seguir as pegadas*
> *De teu Filho Bem-Amado, nosso Senhor Jesus Cristo.*[9]

Muitas vezes os cristãos especulam sobre a vontade de Deus e muitos se apegam à ideia da distinção entre o que Deus provoca e o que apenas permite. Que pensaria disso o nosso Francisco? Depois de estudar as biografias dos grandes santos da história, minha impressão é que cada um deles considerava a sua própria vida tão firmemente ligada a Deus que não concebiam nada independentemente de Deus. A porta pode se abrir ou fechar, ranger ligeiramente ou bater com força; a luz pode se insinuar pela abertura ou ficar bloqueada – mas a porta é inseparável de Deus. Assim, Francisco agradecia a Deus pelos pequenos prazeres e, também, pelas dores e tribulações. Sofria muito mas, ao que sabemos, jamais perguntou *por quê?*. Aceitava o que vinha; aprendia, permitindo que sua alma fosse aperfeiçoada, purificada e preparada para o que desse e viesse.

Ele teve muito trabalho a fazer. Quando orou diante do crucifixo, Jesus lhe falou. Mas o que disse Jesus? "Francisco, reconstrói a minha igreja pois, como vês, ela está caindo em ruínas." Se hoje rezamos em busca da vontade de Deus, será que Jesus de novo nos pedirá para restaurar a Igreja? Ela está desabando, não está? Antes de examinar o que significa reconstruir a Igreja de Jesus, precisamos fazer uma digressão importante para perguntar a Francisco sobre o custo altíssimo de obedecer à vontade de Deus e como isso resultou no rompimento dele com a família.

CAPÍTULO 2

O VALOR DAS POSSES

Fui com meu grupo de peregrinos adolescentes até a Piazza del Vescovado em Assis e contei-lhes que ali mesmo Francisco renunciou a todos os bens do mundo, despiu as roupas e devolveu-as ao pai. Se você consultar as pessoas a respeito de Francisco, verá que quase todas o associam a fontes e passarinhos; as que sabem um pouco mais dirão sem pestanejar: ele foi o santo (ou lunático) que renunciou a todas as suas posses. Como assim?

No alto do monte, numa igreja vizinha, mostrei-lhes duas relíquias preciosas da vida de Francisco: uma túnica e um anel de cabelos. Não de *seus* cabelos. A túnica era dele, mas o anel de cabelos era da adolescente que teceu a túnica: Clara Offreduccio. Muito nova ainda, ouvira Francisco pregar; a casa da família Offreduccio erguia-se quase encostada à catedral de San Rufino, onde ele encantava as multidões – e Clara – com suas palavras.

Quando chegou à idade de casar, os pais arranjaram-lhe um casamento vantajoso (vantajoso para eles, uma tática para usá-la e assim aumentar seu poder e propriedades). Mas qual era a vontade de Deus para Clara? Ela se extasiava tanto com a figura de Francisco que no Domingo de Ramos do ano 1212 se livrou de tudo quanto possuía e cortou rente os cabelos num gesto simbólico de renúncia ao mundo. Dias depois, sua irmã fez o mesmo. E assim Clara, a irmã e outras mulheres se tornaram seguidoras de Francisco, rumando para São Damião, onde ele ouvira o Cristo falar do alto da cruz.

Logo surgiu uma controvérsia: uma coisa era um homem não ter nada e sair a vagar pelos campos; mas, e quanto às mulheres? Elas precisam ter posses, por questão de segurança; se não se casam, o dote deve ser doado às abadias – ao menos, era assim que se pensava na Idade Média. Mas nada impediria Clara de agir como Francisco, ou melhor, como Jesus. Chamava a isso o "privilégio da pobreza"[1] e a ordem feminina que fundou levou a sério as palavras de Cristo: "Bem-aventurados os pobres, pois deles é o reino dos céus" (Lucas 6:20).

Francisco se despojou de tudo. Clara deu tudo o que tinha. Nosso grupo se pôs a refletir sobre Clara e Francisco; e, um tanto constrangidos, levantamos a questão que gostaríamos de apresentar ao santo:

ESPERA QUE NÓS TAMBÉM RENUNCIEMOS A TUDO?

Pelo que sabemos, Francisco nunca disse: "Eu dei aos pobres o que tinha e vocês devem fazer a mesma coisa". Seu coração expansivo e afetuoso era incapaz de proferir julgamentos. Ele se recusava a gastar energias criticando espiritualmente os outros; nunca atirou pedras naqueles cuja piedade não era tão colossal. Embora as Escrituras lhe falassem e tivesse ouvido Cristo convidá-lo pessoalmente a renunciar à riqueza e tornar-se pobre, não pregava que Cristo exigisse o mesmo de todos. Não fui convocado para ser uma cópia em carbono de Francisco; nem você. Nossa vocação é procurar Aquele que Francisco procurou, ouvir Aquele que Francisco ouviu, fazer o que Ele quer de nós, como Francisco fez.

Que alívio! Não preciso agir como Francisco agiu! Posso manter o que tenho! Mas posso mesmo? Não é que Francisco estivesse elaborando uma noção utópica, bizarra, sobre a pobreza. Nada mais fácil que ignorar as loucuras de um italiano desajustado do século XIII. Mas a ideia original não foi de Francisco. Jesus é quem disse: "Vende tudo o que possuis e dá o dinheiro aos pobres" (Lucas 18:22). Como veremos no capítulo 5, Francisco levava a Bíblia ao pé da letra, com surpreendente ingenuidade. Pouco interessado em interpretações engenhosas da Escritura, entendia cada versículo como um item de sua agenda diária.

Diante de Francisco, nossa leitura desajeitada e autoindulgente da Bíblia cai por terra. Quando ouvimos Jesus dizer: "Vende tudo o que possuis e dá o dinheiro aos pobres", logo recorremos à nossa esperteza exegética. Nada de leituras literais para nós! "Jesus quis dizer apenas que deveríamos *estar dispostos a* vender o que possuímos. Se todos se despojassem de tudo, a civilização ocidental entraria em colapso." Mesmo os pés de chumbo que pisam duro e vivem declarando "A Bíblia é clara!", diante de um tópico ou outro, transformam-se de súbito em lépidas bailarinas saltitando à volta do óbvio.

Não faz muito, fiz um sermão sobre "vende tudo o que possuis e dá o dinheiro aos pobres", ilustrando-o com a história de Francisco. Em resposta, um paroquiano surgiu em meu escritório dizendo: "Se eu vender tudo, não poderei mais cuidar de *você*". Outro apareceu para aferroar-me: "Não vi *você* vender tudo para dar o dinheiro aos pobres". Tive de improvisar uma dança; fiz um *plié* que parecia espiritual, mas era apenas uma defesa precária de meu estilo de vida. Racionalizando meu bem-estar, o lugar onde moro e por que tenho tanta coisa, esqueci a sabedoria de Francisco: "É mais fácil ir para o céu de uma choupana que de um palácio".[2]

Francisco nunca pediu a ninguém que vendesse tudo e eu certamente não preciso fazer isso. Mas reflito sobre a vida do santo e sua beleza tocante. Sei que, embora Francisco não o pedisse, jovens da Úmbria foram um depois do outro vendendo o que possuíam e dando o dinheiro aos pobres, tal como fizera Clara. Camelos começaram a passar pelo fundo da agulha com tal rapidez que os velhos de Assis, vendo os filhos e filhas dos outros acorrendo em bando para junto de Francisco (ou de Jesus, na companhia de Francisco), puseram os seus de quarentena, achando que alguma epidemia estava à solta. Havia algo de atraente, algo de libertador, algo de cativante naquele despojamento radical. Ao que parecia, uma pessoa montara o cenário e as outras se sentiram autorizadas a deixar tudo para buscar Jesus.

POR QUE MENOS É MAIS

O que ganhamos ao perdermos tudo? Que proveito há em não ter nada? Há a satisfação singela da proximidade de Jesus, que era ele próprio pobre e nunca mostrou o menor interesse em possuir, ganhar, acumular, investir, lucrar. Há a alegria pura de simplesmente fazer o que Jesus recomendou; uma vida segundo os preceitos bíblicos, acatados como uma ordem de marcha, não é vã. Há o curioso prazer de escapar ao conformismo aborrecido com aquilo que todos os outros fazem e parecer um pouquinho exótico. Nossa mãe não dizia sempre: "Então, se seus amiguinhos pularem no abismo, você vai pular também?"

Contudo, há mais. Como nos definimos? Como medimos nosso valor? Conheço adultos que parecem determinados a controlar o jogo infantil do "quem tiver mais peças no final, ganha". Recebemos um aumento de salário e ficamos orgulhosos. Bajulamos os milionários que por acaso conhecemos. Perguntamo-nos se nossa aposentadoria será suficiente. A bolsa de valores cai e as cabeças pendem. Alguém bate o carro novo e o mundo vem abaixo.

Os magnatas da mídia, na Madison Avenue, vão rindo para o banco, certos de que ninguém dá atenção ao mandamento "não cobiçarás".

Mesmo na esfera da Igreja, temos ideias brilhantes sobre quase tudo, menos sobre a maneira teológica de encarar o dinheiro. Francisco talvez possa ajudar, como sugere inteligentemente Murray Bodo:

> A vocação de Francisco, nascida justamente quando surgia a classe média endinheirada, foi um antídoto divino para a doença que desde então infectaria a sociedade e o indivíduo. O valor pessoal e a autoestima passariam a ser, em grande medida, avaliados segundo a capacidade de ganhar dinheiro. Francisco percebeu o que o dinheiro podia fazer com o espírito. Só Cristo é a plenitude da vida; a busca compulsiva de dinheiro, mais que qualquer outra coisa, afasta-nos do que realmente nos vivifica.[3]

Francisco pode ser meu melhor amigo: basta que, escapando à atmosfera pesada do dinheiro e dos bens, eu saia para o ar claro e luminoso do amor de Cristo, que não pode ser contaminado pelos caprichos da economia e da contabilidade. Só Cristo é, realmente, a plenitude da vida.

Cristo quer ser a plenitude da vida porque sente, não ciúmes, mas compaixão por aqueles que convocou. Ele sabe o que nos falta, o que nos prejudica, o que nos deixa livres para agir. A riqueza é uma promessa maravilhosa, mas nunca diz que tem dois lados. Quando o bispo Guido sugeriu a Francisco que conservasse pelo menos alguma coisa para poder fazer melhor seu trabalho, ele replicou: "Se temos posses, precisamos de armas para protegê-las. Brigas e processos surgem por causa delas, calando o amor a Deus e ao próximo. Por isso não queremos possuir nada neste mundo".[4]

Os bens dão origem ao medo. Tomás de Celano escreveu que, como Francisco e seus amigos não tinham nada, "a nada se apegavam e não temiam perder coisa alguma".[5] Ou, como disse Henrique de Avranches poeticamente:

> Pois há, na pobreza, uma liberdade
> Que se faz o abrigo da frugalidade. Nesse regaço imperturbável
> Aninham-se as virtudes. Ela não sucumbe ao peso das tribulações,
> Não teme os dedos do ladrão nem cultiva as vaidades.[6]

Os bens exigem sistemas de alarme, fechaduras, apólices de seguro. Conheço uma senhora que comprou um bonito sofá e quis proteger o revestimento. Assim, cobriu-o com um pano ordinário e implicava com as visitas que queriam sentar-se nele. Esse absurdo está, porém, em todos nós, sobretudo quando acumulamos valores. As posses nos seduzem e o rabo acaba abanando o cachorro. Francisco não estava certo ao pensar que o dinheiro é o instrumento do diabo, o "sacramento do mal"?[7]

QUAL O VERDADEIRO VALOR DOS BENS MUNDANOS?

Os bens exigem armas, tempo e energia. Não que não valham nada! Mas nós subvertemos seu valor apegando-nos a eles, do mesmo modo que estragamos relacionamentos tentando dominar as pessoas em vez de deixá-las livres para desabrochar e florescer. São Boaventura assim se referiu à extraordinária finura com que Francisco recebia presentes: "Sempre que lhe traziam alguma coisa para suas urgências pessoais, perguntava ao doador se poderia dá-la caso encontrasse alguém mais necessitado. Não guardava nada, nem manto, nem túnica, nem livro; não guardava sequer os paramentos do altar: dava tudo aos indigentes".[8]

As coisas existem para ser doadas. Seu valor intrínseco, sua beleza própria só são percebidos quando aquele que as recebe as desembrulha. Nossa caridade é comedida, bem mesquinha às vezes, calculada, sopesada em relação às nossas presumíveis necessidades futuras, diluída por nosso senso de escassez. Mas, assim como "toda boa dádiva ... vem de cima, desce do Pai das Luzes" (Tiago 1:17), toda coisa boa se torna infinitamente mais valiosa quando é presenteada. A alegria não está em possuir, mas em dar.

Ninguém ilustrou isso mais deliciosamente que Junípero, um dos amigos de Francisco, também exuberante na caridade:

> Junípero procurava com tamanha seriedade imitar Cristo que era capaz de dar até a roupa do corpo.

> Após vários episódios embaraçosos, seu superior lhe proibiu dar a túnica, ou parte dela, a um mendigo. Logo depois, porém, um pobre se aproximou dele, pedindo esmola. Junípero explicou: "Não tenho nada para dar exceto esta túnica, mas não posso entregá-la a você devido a meus votos de obediência. No entanto, se você tentar roubá-la de mim, não porei obstáculos". Inteiramente nu, foi ter com os outros frades e contou que havia sido roubado. Sua compaixão era tão grande que acabou dando não só suas coisas, mas também os livros, os paramentos do altar e as capas dos outros irmãos. Quando um pobre se achegava a Junípero, eles corriam a esconder seus pertences, para que não os encontrasse.[9]

Quando aqueles paroquianos vieram me censurar por causa do sermão sobre "vende tudo o que possuis e dá o dinheiro aos pobres", em vez de ficar confundido, eu poderia ter dito algo assim: então, se concluímos matreiramente que Jesus não nos pede para vender o que temos e favorecer os pobres, posso sair por aí e fazer o que bem quiser com meu dinheiro e minhas coisas. Ora! Então os Evangelhos incluíram essa história para que a ignorássemos, mandando Deus cuidar de sua vida? Não estará ela ali por um motivo pessoal qualquer, que me afeta?

Pensei o seguinte: se hoje você vender tudo que possui e der o dinheiro aos pobres, de fato sofrerá um sério baque econômico. Mas sobreviverá. O próximo contracheque não deixará de vir. Poderá herdar algo quando seus pais falecerem. O seguro social entrará em cena. E o impasse estará superado.

No entanto, mesmo que não venda tudo, você poderá vender muito mais. Poderá dar mais. Poderá aventurar-se. Poderá arriscar-se a dar algo realmente imenso por amor a Deus. Poderá aceitar alguns riscos dando a Deus algo que lhe custe muito em vez de algo que não lhe custe nada. Poderá se aproximar dos pobres, não empunhando roupas velhas ou objetos que já não usa, mas coisas de que realmente gosta. Assim, você talvez se desapegue um pouco dos bens materiais. Nunca se sabe quem poderá admirá-lo por isso. No romance *Gilead*, de Marilynne Robinson, o narrador fala em "pobreza sagrada", lembrando: "Meu avô nunca conservou nada que valesse a pena dar".[10]

O SIGNIFICADO DAS ROUPAS

Se fôssemos fazer o inventário de nossas "coisas"; se tentássemos calcular seu valor monetário, mas também o valor psicológico que está por trás delas; e se avaliássemos até que ponto nossos bens nos esmagam, e qual é a sensação de ir por aí mais leves, poderíamos começar pelas roupas. "O traje faz o homem." Na faculdade, eu usava indefectivelmente shorts jeans esfiapados e uma camiseta velha, que deveria estar na lavanderia ou sabe-se lá onde, só servindo mesmo como trapo para trocar o óleo do carro. Meu pai se irritava ao ver-me tão desleixado. "As roupas não significam nada para mim", insistia eu. Mas os rapazes com quem eu andava usavam shorts jeans esfiapados e camisetas velhas – pensando bem, nossos pais também, com o mesmo descuido, se vestiam uns como os outros, apenas mais elegantemente.

Considere-se a história de José (Gênesis 37-50). Seu pai, Jacó, deu-lhe "uma túnica de várias cores", enquanto os filhos mais velhos, que obviamente não eram seus favoritos, vestiam roupas ordinárias. Alguns eruditos acham que a melhor tradução seria túnica "de mangas compridas", não "de muitas cores".[11] O significado social é evidente: os irmãos trajavam mangas curtas para poder trabalhar no calor do dia. Mangas compridas eram para permanecer em casa; poderiam ficar presas aos arbustos, no campo. Não admira que os irmãos odiassem tanto José. Por isso o venderam como escravo, mancharam de sangue a túnica de mangas compridas (ou de muitas cores) e despedaçaram o coração do pai com a própria roupa que ele dera em sinal de afeição profunda.

Mas José não vestiu os trajes de escravo por muito tempo. Ascendeu a uma posição de destaque na casa de Putifar – cuja esposa o tentou seduzir com suas artimanhas. Puro demais para ceder, saiu às pressas do quarto da mulher, que no entanto conseguiu agarrar-lhe a túnica, deixando-o nu. Vestiram-no então de prisioneiro. Walter Brueggemann fez uma observação perspicaz: "O traje não faz homens desse tipo".[12]

Mas o traje tem lá sua importância. Quando nos vestimos todos os dias, ou quando fazemos compras para atulhar o guarda-roupa de onde as escolhemos, transmitimos uma mensagem bastante clara às pessoas sobre quem somos e em que posição nos colocamos. O desmazelo está no olho do observador, não está? E a moda não é algo inquestionável neste mundo, mas algo comunitário. Minha filha se vestia iconoclasticamente, querendo passar por *hippie* retrô. Mostrava o que era evitando o chique e usando elementos da contracultura – e seus amigos *hippies* faziam o mesmo. A roupa tem tudo a ver com a comunidade; é uma decisão sobre com quem pretendo conviver. Meu traje é o uniforme das pessoas com quem ando.

Levei meu grupo de adolescentes para a magnífica basílica onde se veem os afrescos que narram a vida de Francisco. Roupas e tecidos de cores brilhantes aparecem com destaque em quase todas essas vinhetas memoráveis. Num afresco diante do qual nos detivemos, um galante admirador do jovem e rebelde Francisco estende sua capa no chão (gesto que nos lembra a cena de sir Walter Raleigh com a rainha) para que Francisco não enlameie os pés. Alguns passos à frente, vimos outro afresco onde um camponês pede a Francisco uma peça de tecido. Francisco recusa, mas logo depois conclui que se um rico houvesse pedido, tê-lo-ia dado.

Francisco se despe e devolve ao pai seus trajes requintados. Francisco "muda de roupa". Não troca apenas uma camisa por outra; rompe completamente com a moda, com um estilo de vida, com uma convenção em que o trajar o colocava no degrau mais alto da sociedade e, tomando de um saco, transforma-o em roupa, desfaz-se do cinto de couro ornamentado de pedrarias e o substitui por um velho pedaço de corda.

Mas por quê? Francisco se desfazia do seu passado. Lembremo-nos do modo como os antigos cristãos iam para o batismo: após lançar fora suas roupas de trabalho velhas e sujas, mergulhavam na água e, quando ressurgiam à tona, eram vestidos com trajes brancos novos, imaculados. O simbolismo da vida nova foi belamente explicado por Paulo: "Revesti-vos, pois, como eleitos de Deus, seus santos e muito amados, de toda misericórdia, bondade, humildade, mansidão e paciência... [e] revesti-vos de amor" (Colossenses 3-12, 14).

Leitor literal da Bíblia, Francisco sabia que Jesus, em matéria de roupas, não andava na crista da onda; não imitava os romanos com seus adornos exóticos ou militares. Vestia o que vestiam os camponeses mais simples – e Francisco queria ser como Jesus. Creio mesmo que, para ele, as roupas eram pura desonestidade. Com elas, pretendemos ser o que não somos. Se nos vestimos como um mendigo sem tostão, como um pobre, revelamos honestamente por fora o que somos por dentro. Lutero estava certo: "Somos mendigos e isso é tudo". G. K. Chesterton disse-o de maneira eloquente:

> Seu raciocínio era o seguinte: o homem dedicado pode ir a qualquer lugar, por entre qualquer tipo de homens, até os piores, desde que nada nele os induza a detê-lo. O frade era mais livre que o homem comum. O mundo não poderia detê-lo por nada. Um homem

> tinha de ser magro para passar pelas grades da prisão; tinha que viajar sem bagagem para caminhar depressa e ir longe. Não se pode ameaçar com a fome aquele que se entrega constantemente ao jejum. Não se pode despojar e reduzir à miséria quem já é mendigo.[13]

Você percebe quanta liberdade existe numa pobreza honesta? Murray Bodo acertou no alvo: "Francisco golpeou o âmago da hipocrisia de seu mundo, onde a reputação valia mais que a bondade e a verdade. (...) Escolhendo desde o início o 'fracasso', ele se livrou do peso enorme da opinião alheia".[14]

TROCAR DE ROUPA COM OS POBRES

Francisco sabia também que sua vocação era ligar-se aos pobres. Você não conseguirá ir até eles caso não queira que suas roupas francesas se rasguem nos espinhos ou se sujem num chiqueiro. Madre Teresa, às vezes nos esquecemos, iniciou sua vida adulta como professora de meninas ricas bengalesas, em Calcutá. Mas, em 1946, num trem para Darjeeling, ouviu uma voz que a instava a procurar os mais pobres entre os pobres. Não os visitava de dia e voltava para a segurança de sua escola à noite: não, ela mudou de roupa literal e metaforicamente.

No começo, ela não tinha auxiliares, nem dinheiro, nem abrigo, nem segurança. Com uma pequena sacola, caminhava pelas favelas, sem saber bem aonde ia. Tal qual os pobres, tinha de procurar a pé por um teto. Começou a entender a exaustão dos pobres, a escassez de comida, a inacessibilidade dos remédios. Alugou uma choça por cinco rúpias ao mês e convocou crianças para sua escolinha improvisada. Passava a maior parte do tempo lavando-as, carregando-as, alimentando-as.

Outras jovens seguiram seu exemplo nos bairros pobres; e, assim como os amigos de Francisco renunciaram à riqueza para tornar-se seus irmãos (frades), quase todas essas mulheres desceram rapidamente às camadas mais inferiores do sistema de castas indiano. Certa vez, apareceu uma senhora hindu muito rica, oferecendo ajuda. Durante a conversa, ela admitiu gostar muito de saris elegantes; na verdade, despendia oitocentas rúpias por mês para comprar um novo. Madre Teresa, cujo sari típico – de algodão branco com uma faixa azul – custava oito, achou que devia começar daquele ponto. "Da próxima vez, quando for comprar um sari, em vez de gastar oitocentas rúpias, gaste quinhentas. Com as trezentas restantes, poderá comprar saris para a gente pobre". Havia naquilo algo mais que uma simples redistribuição de dinheiro; a elegância de um sari era o símbolo da condição da mulher, de seu lugar no sistema de castas. Mas ela seguiu o conselho. No mês seguinte, pagou quatrocentas rúpias por seu sari, no outro trezentas, até chegar às cem; o resto, dava-o. Madre Teresa advertiu-a: "Não passe das cem!" A mulher confessou que sua vida se transformara, que recebera bem mais do que já dera.[15]

Assim, continuando a conversar com Francisco, o que exatamente vou vestir amanhã? Meu guarda-roupa já não estará cheio demais? Um ponto ganho em minha amizade com Francisco e em minhas tímidas tentativas de ficar mais perto de Jesus ocorreu na Lituânia. Minha filha e eu fôramos visitar uma pequena congregação metodista em Siauliai. Numa zona economicamente empobrecida por trás da então chamada Cortina de Ferro, aqueles bons cristãos revelaram uma hospitalidade ao estilo de Francisco enquanto passeávamos, orávamos, pregávamos e estreitávamos duradouras amizades. Minha filha Sarah e eu ficamos especialmente encantados com a visita ao santuário mais importante da Lituânia, o "monte das cruzes", e depois com a descoberta de um mosteiro adjacente, no qual painéis de vidro contam a vida de Franscisco.

Chegou o dia de voltar para casa e eu estava ocupado fazendo as malas. Eu me sentia um tanto irritadiço, cansado após semanas de viagens, prevendo longas esperas, checkings, talvez extravios de bagagens, compridas filas diante do posto da alfândega e minha hérnia de disco inflamada. Mas então a sombra de Francisco interpôs-se diante dessa perspectiva e pensei: *para que pôr tanta roupa na mala? Por que não deixá-las aqui mesmo? Assim passarei rapidamente pela alfândega e minhas costas não doerão por causa do peso da bagagem.*

Comecei, pois, a desfazer a mala. Calças, outro par de calças, uma camisa, uma gravata, uma jaqueta, outra camisa. A coisa começava a ficar divertida; já pensava nos jovens que se sentiriam mais bacanas dentro daquelas roupas americanas do que eu jamais me sentira. Mas então apareceu uma blusa de lã – uma blusa que minha esposa acabara de me dar no Natal, bonita, cuidadosamente escolhida. *Está bem, deixarei a maioria das roupas e levarei a blusa.*

Mas o que pensaria Lisa? Não havia eu me casado com o tipo de mulher que se aborreceria comigo se eu deixasse para trás quase todas as minhas roupas, mas achasse a blusa dela boa demais para ser dada? Então, me desfiz da blusa também. E afirmo que gostei mais daquelas roupas todas, principalmente do presente de Natal, sabendo que seriam usadas por amigos lituanos, do que se as tivesse amontoadas no guarda-roupa, aqui em casa. Nem por isso andei nu desde aquele dia. E, de quebra, ainda experimentei o gostinho do que Francisco, Junípero e a amiga de Madre Teresa compreendiam tão bem: o prazer de dar tudo.

Francisco teria sido um bom *hobbit*. Será que J. R. R. Tolkien não pensou no homenzinho de Assis ao escrever sobre seus pequenos heróis em *O Senhor dos Anéis*? Os *hobbits* celebram seu aniversário de maneira engraçada. Em vez de ganhar presentes, eles presenteiam. Meus filhos leram isso e, nas vésperas de meu aniversário, ponderaram que seria uma experiência fascinante. E assim adquirimos um costume novo, que dura há anos: no meu aniversário, como não quero ou preciso de nada que se possa comprar, dou presentes à minha esposa e filhos – não o que pedem, mas o que tenho vontade de vê-los possuir.

Há uma virtude curiosa no ato de doar, sobretudo quando não vamos às lojas para adquirir coisas novas, mas doamos as que já temos. Com menos carga, andamos mais depressa; ficamos mais livres, sem amarras. A vida, afinal de contas, é uma peregrinação; estamos temporariamente exilados aqui embaixo, a crermos no que diziam os santos antigos. E nunca ficamos sós. A prodigalidade de Francisco era contagiosa; nisso, andava sempre em boa companhia. Quando falo a amigos sobre o modo como os *hobbits* comemoram seu aniversário, ou sobre a decisão de abandonar as roupas em outro país, muitos deles – a maioria! – decidem tentar a mesma experiência. Então, não sou só eu a perpetrar algo agradavelmente ridículo: fico em boa companhia. Não estamos sós.

Seja como for, é assim que a caridade funciona. Perguntamo-nos por que existe a miséria e qual seria a solução do problema. A única resposta é: conviver com os semelhantes. Jürgen Moltmann explicou, com muita propriedade, que "o contrário da pobreza não é a propriedade. O contrário tanto da propriedade quanto da pobreza é a comunidade".[16] Assim, já não somos possuídos pelas posses. E nossa recém-descoberta pobreza, mesmo parcial – só comparativamente maior que minha suposta abundância de ontem –, abre um pouco mais de espaço para Deus e o novo amigo necessitado que ele coloca diante de mim.

Mas encontrar novos amigos e abrir mais espaço a Deus tem um custo – às vezes doloroso de suportar, como nos mostra o exemplo de Francisco.

CAPÍTULO 3

O DILEMA DA FAMÍLIA

Um dia, Francisco ouviu Deus dizer:

> Francisco, despreza e abomina tudo quanto hajas amado ou apetecido carnalmente, se quiseres conhecer a minha vontade. Pois, quando começares a agir assim, o que antes te parecia doce e prazeroso será amargo e insuportável; e o que outrora achavas repugnante te proporcionará grande doçura e supremo deleite.[1]

Fazer a vontade de Deus pôs Francisco num amargo e insuportável conflito com seu pai. Quando penso em Francisco e nos muitos episódios da sua vida, não sei bem como julgar o momento dramático em que o pai o repudiou em plena praça pública. Será isso um vislumbre da fé titânica que eu deveria tentar imitar? Não é de partir terrivelmente o coração ver pai e filho brigar – e por causa de Deus? Estarei com medo de, eu próprio, me desen-

tender com meus filhos? Acaso me lembrarei do modo como atendi ao que imaginava ser o chamado de Deus para minha vida e, ainda assim, deixei meu pai perplexo?

A FÉ DIVIDE A FAMÍLIA?

Em se tratando de Deus e a família, qual é o problema? Há muito vimos ouvindo queixas sobre a erosão dos vínculos familiares e parece que Deus deveria dar algum remédio para isso, ser a cola para manter a família unida. Mas as coisas funcionam realmente assim? A fé pode recompor a família? Dividi-la? E se eu começar a suspeitar que Deus está me atraindo para alguma missão – ou já atraiu – que meus pais não compreendem? Que minha esposa condena? Isso provocará em meus filhos apenas um dar de ombros?

Eis a primeira frase de Leon Tolstói em *Anna Karenina*: "As famílias felizes são todas iguais; mas cada família infeliz o é à sua própria maneira". De que modo era infeliz a família de Francisco? Não se esperaria que um santo crescesse num ambiente feliz? Como se dá que a discórdia e o sofrimento gerem não só a loucura, mas também (com mais frequência do que gostaríamos de admitir) o brilhantismo, a criatividade e até a santidade?

Recuemos no tempo até o dia do julgamento. Podemos bem imaginar a quantidade de boatos que infestavam a cidade, com os cidadãos acorrendo alvoroçados para assistir à novela prestes a ser encenada na pitoresca Piazza del Vescovado. O drama foi imortalizado memoravelmente em afrescos e podemos contemplar, em cores vivas, o clímax da história: Francisco devolvera ao pai todas as posses mundanas que ainda lhe restavam – não muitas depois de meses de partilha extravagante com os pobres! Agora só tinha a devolver as roupas do corpo. Inteiramente nu, postou-se diante do pai, mas com os olhos voltados para cima, onde vemos uma mão que sai das nuvens em atitude de bênção.

Exatamente nesse instante Francisco desabafou: "Até hoje chamei Pedro Bernardone de pai. Mas, como me propus servir a Deus, devolvo-lhe o dinheiro que tanto o perturbou e também todas as roupas que lhe pertencem. Doravante, direi: 'Pai nosso que estás no céu' e não mais 'Pedro Bernardone, meu pai'".[2] O bispo Guido cobre a nudez de Francisco com seu manto. Quer, em parte, subtrair as vergonhas de Francisco à curiosidade dos espectadores; mas o manto é também um símbolo da bênção e da proteção da Igreja. A nudez pode incomodar nossos pudores, mas a ausência de roupas constitui uma imagem espiritual fascinante: como Francisco, viemos ao mundo nus; e nus o deixaremos. Jesus, na cruz, estava despido quando rendeu a alma a Deus, seu Pai.

EXISTE AMOR SEM MÁCULA?

Como se sentiu Francisco? Não sabemos. Fizera um eloquente discurso teológico; mas ter cerradas diante de si as portas do lar, absorver o choque horrível da cólera paterna contra tudo o que era belo e significativo para ele, ver nos olhos do pai a vergonha e a decepção, infligir um sofrimento mortal à mãe: esse momento decisivo deve ter devastado sua alma sensível.

Se Francisco não esmagava uma formiga, se beijava leprosos que nunca vira, se acolhia amistosamente o sultão muçulmano, como pôde infligir tamanha dor emocional ao pai e à mãe? Será isso a "filantropia telescópica"[3] – expressão de Dickens para dizer que é bem mais fácil amar quem está longe? Todos já conhecemos pessoas assim, dedicadas ao ministério e às profissões que ajudam o próximo: profunda e apaixonadamente ligadas aos pobres, aos estranhos, aos paroquianos, mas absolutamente incapazes de se relacionar bem com a esposa e os filhos, em casa.

"Francisco é o filho de Pedro Bernardone e nenhuma decisão de chamar de pai apenas Deus pode mudar isso. O doce filho de Deus é também o rebelde filho de Bernardone", lembra-nos Murray Bodo.[4] Terá Francisco dormido bem aquela noite? Não sabemos. Mas suspeitamos que uma lâmina aguda perfurou-lhe o coração afetuoso. E havia pela frente toda uma vida de noites e dias; relacionamentos rompidos são ainda relacionamentos e peças desconjuntadas continuam a magoar. Durante anos, "toda vez que o via na rua, seu pai o amaldiçoava".[5]

Pelo menos, é o que nos conta a maioria dos biógrafos de Francisco. Mas será essa a verdade inteira? Uma antiga versão da vida do santo mostra o conflito de maneira diversa: quanto Pedro viu a dura situação em que estava Francisco, ficou muito triste, "pois o amava ternamente".[6] Seria Pedro um maquiavélico frio dos pés à cabeça? Não amaria profundamente o filho? Talvez seu amor tivesse falhas. Mas existe acaso amor sem mácula?

Francisco não terá reconhecido que seu amor pelo pai talvez pudesse de algum modo ser falho? A santidade implica, em um ou outro ponto, as agonias do fracasso. Se eu pudesse consultar Francisco, indagaria como ele se lembrava do pai no fundo do coração. *Que tentava dizer-lhe? Como orava por ele?* E o que eu mais gostaria de saber: *Vocês chegaram a se reconciliar, mesmo tarde na vida, talvez diante do leito de morte de Pedro Bernardone?* Não o sabemos. Receio que essa reconciliação não passe de fantasia, que Pedro tenha morrido sem o consolo de ver o filho lhe dando o beijo de despedida.

Mas, nesse caso, a tristeza era o fim de tudo? As igrejas de Assis exibem afrescos onde Francisco aparece rodeado de frades e freiras, leprosos e anjos do céu; para eles, a vida ia além do túmulo. Não poderia acontecer que, pela graça sempre inesperada de Deus, Francisco se deparasse com Pedro no paraíso? Ou descesse ao purgatório para encontrá-lo ali? Francisco sem dúvida aproveitaria essa oportunidade para conversar com o pai, ouvi-lo ainda uma vez, abraçá-lo mesmo que só para dizer-lhe que lamentava muito, receber a bênção paterna tão longamente adiada. Nicholas Wolterstorff, ponderando sobre a morte de seu filho, perguntava:

> Que farei de minhas mágoas? Um amigo me advertiu sobre essa questão. Não encene suas mágoas; elas acorrem à mente sem precisar de encenações. Devo tentar suprimi-las? Acredito que Deus me perdoou. Disso, não duvido. A questão entre mim e Deus está encerrada. Mas, e entre mim e Eric? Aqui, as mágoas persistem. Que fazer com as mágoas perdoadas por Deus? Viver com elas. Permitir que agucem a visão e a intensidade da esperança no Grande Dia que virá, quando então todos nos lançaremos nos braços uns dos outros e diremos: "Sinto muito". O Deus do amor sem dúvida nos proporcionará esse dia. O amor precisa disso.[7]

Não terá Deus proporcionado esse dia a Francisco e seu pai?

COMO TUDO TERMINOU?

Estamos avançando demais no futuro. Voltemos ao incidente, à trágica separação entre pai e filho. Como puderam as coisas chegar a tal ponto? Sempre houvera certa distância entre Francisco e Pedro. A maioria dos pais, na época, se mantinha emocionalmente distante; a casa era o reino da mãe. Talvez numa insinuação do que estava por vir, Francisco nasceu quando Pedro se achava fora, a negócios. Segundo as lendas que procuram aliciar a credulidade a fim de fazer de Francisco um segundo Jesus, ele veio ao mundo num estábulo. Mas Pedro dava tudo à mulher, Pica; é difícil acreditar que ela descesse de seus aposentos confortáveis para o estábulo abobadado – embora a pequena capela-oratório que existe ali hoje, chamada San Francesco Piccolino, nos convide a rezar no local onde o santo nasceu, entre vacas, carneiros e jumentos. Francisco manteria a vida inteira uma afinidade com essas humildes criaturas.

Pedro Bernardone era um mercador azafamado que negociava com tecidos finos da França e da região de Flandres. Suas viagens o levavam até às grandes feiras da Champanha; crescendo junto a semelhante pai, não é de estranhar que Francisco apreciasse as maneiras, a música e os trajes franceses. A habilidade comercial de Pedro garantiu um estilo requintado à mocidade de Francisco; além disso, ele adquiriu valiosas propriedades em torno de Assis – olivais, campos de trigo – a fim de dar segurança à família, ou seja, o contraste perfeito para o tipo de santo que Francisco iria se tornar. Sim, pois Francisco jamais seria Francisco não fosse a prosperidade do pai.

Provavelmente admiraríamos Pedro como um esperto oportunista que galgou a hierarquia social até a elite endinheirada. Mas o primeiro biógrafo de Francisco não vê com bons olhos as atividades desse homem, inclusive seus planos para Francisco: "Os pais o criaram na arrogância e na vaidade, conforme o espírito da época. E, à força de imitar-lhes a vida e o caráter desprezíveis, ele se fez ainda mais vaidoso e arrogante".[8]

Os pais de Francisco queriam que ele se adaptasse, que vivesse "na vaidade, conforme o espírito da época". Os pais de hoje talvez devessem desconfiar da cultura contemporânea e descobrir até onde a fé pode colocar seus filhos em conflito com as "vaidades" do mundo atual. Não cultivamos a esperança insensata de que nossos filhos se conformem aos padrões mundanos, sejam normais e vençam na vida? Não os estimulamos a estar sempre na moda, a ter o maior número possível de bons amigos, a fazer tudo o que todos fazem?

Gastar dinheiro de maneira extravagente, mesmo perdulária, era "quente" em sua cultura (e na nossa!): a alta sociedade podia fazê-lo e gostava de fazê-lo. Esperavam-se essas loucuras dos jovens das classes superiores. Estaria Lawrence Cunningham certo? Ele escreveu: "Francisco parece ter sido o típico adolescente mimado, rico, gastador e ávido de emoções tolerado por uma família que desviava os olhos desses pecadilhos de juventude".[9] "Coisa de rapazes", diriam os pais de Francisco, com uma piscadela. Mas tornar-se santo, isso não! Por que a santidade é mais difícil de aceitar que os desmandos da vida alegre?

Mas colocar os dois pais no mesmo balaio não é justo para com a mãe de Francisco. Pica (apelido? Seria originária da Picardia, na França?) foi descrita por Henrique de Avranches como "honesta, despretensiosa e amável"[10]; e, por biógrafos posteriores, como uma mulher de imensa fé, comparável a Isabel, a mãe de João Batista. Quando Pedro colocou o filho na prisão, ela se esgueirou até lá de noite e libertou-o, para grande desgosto do marido.

Seria interessante estudar as vidas dos heróis da fé e estabelecer quantos deles provieram de lares assim divididos. Será que a casa tranquila, marcada pela harmonia espiritual, é plácida demais para suscitar uma fé radical nos filhos? Patrício foi o pai frio e de temperamento colérico de Santo Agostinho, que às escondidas ouvia as constantes preces de sua mãe, Mônica: "Ela tentava por todos os modos fazer com que tu, meu Deus, fosses meu pai e não ele".[11] Teriam as preces de Pica sido ouvidas quando Francisco repudiou Pedro e adotou Deus como pai?

JESUS E O FRACASSO

Por que Pedro acabou mandando Francisco para a prisão? A história é bastante conhecida, mas não convém romantizá-la. Pedro ficou muito orgulhoso quando o filho marchou para a guerra com a Perúgia. Mas, perdida a batalha e capturado Francisco, teria se sentido decepcionado com o desempenho do filho? Certamente o comportamento bizarro de Francisco, seus sonhos desvairados, suas tardes esquisitas mergulhadas em transes e preces incomodavam Pedro.

Decidido a reerguer igrejas desmanteladas e a ajudar os pobres, Francisco começou a vender coisas e a dar fardos de tecidos finos – os tecidos do pai. Sem saber, sem querer, Pedro na verdade colaborou com a reconstrução da Igreja e com a tarefa de vestir os pobres! Mas não tinha vontade nenhuma de continuar nisso e estava furioso com a insolência do filho. "Na tentativa de curvar a vontade de Francisco à sua própria, admoestou-o, bateu nele e o pôs a ferros." Mas com isso uma boa coisa veio à tona: "Em consequência, Francisco ficou mais decidido ainda a concretizar seus planos sagrados".[12]

Francisco não rompeu com o pai de repente. Vimos, no capítulo 1, como Pierre Brunette encarava as conversões – no plural – de Francisco: "Foram necessários a Francisco de Assis seis ou sete anos para encarar o evangelho como um modo de vida. Ele passou por várias conversões... por um demorado amadurecimento interior".[13] Nada é rápido ou fácil. Francisco tomou o partido de seguir Cristo, mas ficou escondido durante semanas na igreja de São Damião, temendo a cólera paterna, incapaz de encarar o cruel desapontamento da família. Mas chegou o dia em que já não era possível adiar o desfecho. Desesperado, envergonhado, não querendo tornar-se objeto de escárnio ou perder mais fardos de tecidos e o dinheiro que poderia ganhar com eles, Pedro levou o filho ao tribunal.

Imagino Pedro sentado na sala com seus amigos ricaços e afluentes, lamentando o erro do filho, com as palavras "depois de tudo o que fiz por ele..." na ponta da língua. Bodo nos ajuda a entender o "fracasso" de Francisco:

> Francisco golpeou o âmago da hipocrisia de seu mundo, onde a reputação e o bom nome valiam mais que a bondade e a verdade. (...) Escolhendo desde o início o "fracasso", ele se livrou do peso enorme da opinião pública.[14]

E também, infelizmente, da opinião da família. Os pais, a despeito de suas emoções intensas e de seus sonhos ambiciosos para os filhos, quase não têm acesso ao drama encenado entre estes e Deus. Meu pai acalentava grandes planos para mim; mas conseguia ver o que se passava em minha alma? Consigo ver o que se passa na alma de meus filhos? De minha esposa? Desde quando tenho a sabedoria divina para eles? E quando minha própria sabedoria nada mais é que preferência acanhada? E, se tenho alguma sabedoria, até onde posso partilhá-la e deixar-lhes espaço para ouvir o chamado de Deus?

As dificuldades são muitas. Jesus mergulha a lâmina aí e a torce impiedosamente, dizendo:

> Porque eu vim pôr em dissensão o homem contra seu pai e a filha contra sua mãe, e a nora contra sua sogra. E assim os inimigos do homem serão seus familiares. Quem ama o pai ou a mãe mais do que a mim não é digno de mim; e quem ama o filho ou a filha mais do que a mim não é digno de mim (Mateus 10:35-37).

E, ainda mais duramente:

> Se alguém vier a mim e não me preferir a seu pai, e mãe, e mulher, e filhos, e irmãos, e irmãs, e ainda também à sua própria vida, não poderá ser meu discípulo (Lucas 14:26).

Obviamente, estamos a anos-luz de distância do Jesus inventado pelos modernos líderes espirituais, o Jesus manufaturado que exalta os valores familiares e certas noções como "a família que reza unida permanece unida". O evangelho apresenta uma escolha difícil e dizer *sim* ao chamado de Deus acarreta às vezes (frequentemente? sempre?) o rompimento com a família. Algumas famílias não encaram Deus com seriedade. E as que o levam a sério devem se preparar para ficar chocadas com o que Deus possa fazer.

Rezamos o pai-nosso regularmente. Que significa chamar Deus de "nosso Pai"? Reconhecer que ele nos criou, é claro. Mas pensemos em Francisco. Em vez de rezar o pai-nosso do modo como a Igreja costuma prescrever, achando que podemos "pedir com total confiança, tal qual um filho falando a seu pai amoroso" (como instou Lutero no *Pequeno Catecismo*), convém atentar para uma conotação oculta: para Francisco, orar ao "nosso Pai" assumia o caráter de uma declaração de aliança, da exclusão de quaisquer outras alianças, ainda que admiráveis. "Pedro Bernardone não é mais meu pai"; isto é, não mais ficarei sentado passivamente na prisão das expectativas familiares, que apenas bloqueiam a nova obra de Deus em mim.

HÁ ESPERANÇA PARA A FAMÍLIA?

Mas não é preciso temer a família como algo unicamente perigoso! Ainda que soframos a perda da família, por divisão ou disfunção, e mesmo em consequência de morte ou separação física, seus benefícios não são de todo desprezíveis. Francisco não era contra a família; de fato, seu maior anseio na vida foi construir uma família nova. Que disse Jesus a respeito?

> "Quem é minha mãe e quem são meus irmãos?" E apontando para os discípulos, declarou: "Eis minha mãe e meus irmãos! Porque todo aquele que fizer a vontade de meu Pai que está nos céus, esse será meu irmão, minha irmã e minha mãe" (Mateus 12:48-50).

Francisco não recrutava adeptos ou auxiliares, aprendizes ou alunos. Tratava-os como "frades", ou seja, "irmãos". Sob o que ele chamou de "paternidade universal de Deus", descobrimo-nos no seio de uma nova família, cujo primogênito é Cristo. Numa carta aos homens e mulheres que entravam para essa nova família, exclamou ele: "Somos irmãos quando fazemos a vontade do Pai que está nos céus. ... Oh, como é santo e amorável, gratificante, despretensioso, pacífico, doce, digno de afeto e, acima de todas as coisas, desejável ter semelhante Irmão e semelhante Filho: nosso Senhor Jesus Cristo!"[15]

Com sua imaginação poética, Francisco ampliou a imagem da família para além dos irmãos, incluindo o Pai e o Filho. Os visitantes de Assis podem ver uma carta manuscrita de Francisco ao irmão Leo, que começa ternamente: "Falo, meu filho, como falaria uma mãe".[16] De um católico da Idade Média, esperaríamos ouvir "pai", mas Francisco preferiu um tom mais gentil, mais feminino. "Falo como falaria uma mãe" – talvez como a mãe do próprio Francisco falava. Áreas desgastadas no pergaminho levaram os especialistas a concluir que Leo conservou essa carta durante anos, como uma relíquia. E, no entender de alguns que analisaram o documento, a caligrafia de Francisco indica ferimentos nas mãos. Falaremos disso mais adiante.

Aos jovens reunidos à sua volta, Francisco dizia: "Somos irmãos". E às moças, como a querida amiga Clara Offreduccio: "Somos irmãos e irmãs". Entretanto, o parentesco espiritual ia além de homens e mulheres. Francisco amava os animais – pássaros, peixes e até mesmo lobos vorazes –, chamando-os também de irmãos e irmãs. Árvores, rios, flores, montanhas – os elementos de toda a criação, fogo, sol, chuva e terra – eram seus irmãos e irmãs.

Essa visão é tocante, intrigante, convidativa mesmo. Mas a maioria de nós se vê nas malhas de uma família. Tenho esposa e três filhos ainda dependentes. Tenho pai e mãe divorciados e uma irmã solteira. Tenho parentes por afinidade cujos filhos já cresceram e se casaram, saindo de casa. Costumo considerar meus amigos mais chegados como membros da família; meus filhos chamam meus colegas de faculdade de "tio Tom" e "tio Randy". Quem pertence à família? De que modo viver como família ou em família? Que é melhor para a minha família?

De Francisco, aprendemos que passar um verniz eclesiástico sobre a vida familiar não dá em nada. Pedro Bernardone ia à igreja e comungava; sua visão de mundo, porém, era moldada mais pela economia da prática mercantil e a política dos vínculos feudais do que pela Igreja. Talvez possamos dar um passo atrás, examinar juntos nossa vida e perguntar qual é o verdadeiro objetivo que temos em mira. Quase todas as famílias se esforçam para ser... felizes! No entanto, o que sucederia se uma família perguntasse, não "Como podemos ser felizes?" ou "Que teremos de fazer para nos divertir?", mas "De que modo conseguiremos ser religiosos?"[17] ou "Como servir a Deus hoje?"

Quando levei nossos adolescentes paroquianos a Assis, conversamos sobre a coragem de Francisco ao tocar os leprosos, esses intocáveis de quem todos fugiam. Perguntei ao grupo: "Quem são os leprosos que evitamos, mas poderíamos tocar?" Várias respostas inteligentes se seguiram, mas a mais curiosa veio de uma jovem, que disse: "Para mim, são meus irmãos. Acho tempo para os amigos, a escola, diversas atividades, mas não para meus irmãos mais novos. Por quê?" Nossos familiares acaso se transformaram nos "leprosos", nos intocáveis que todavia precisaríamos tocar em atenção ao Cristo?

Com quem nos socializamos em família? Observem as festinhas de aniversário das crianças ou as pessoas que você convida para um piquenique ou jantar. As pessoas com quem convivemos se parecem muito conosco em termos de raça, grau de instrução, situação econômica. Francisco, porém, cruzava todas as barreiras. Que poderíamos aprender com o revolucionário de Assis? Poderíamos, nos momentos do bolo e dos jogos, reunir deliberadamente crianças que não se parecessem umas com as outras, cujos pais não tivessem empregos semelhantes; convidar alguém que morasse em outro canto da cidade e jantar com quem fosse de uma cultura diferente. Assim, os pobres não mais seriam para nós estranhos que vemos no outro lado de um abismo, mas amigos cujos nomes e vidas conhecêssemos e com os quais estivéssemos envolvidos.

Os pais sempre querem amealhar o "pecúlio" de seus filhos. Pedro Bernardone era um provedor ricaço, mas ainda assim não conseguiu fornecer a única coisa necessária: espaço para Deus, um lugar aonde Deus pudesse levar Francisco. Conseguirei providenciar para meus filhos uma vida religiosa, uma virtude exemplar que ouse algo corajoso por amor a Deus e inclua os pobres e deserdados? Por que não consigo insistir na única coisa realmente importante: que meus filhos orem e ouçam o chamado de Deus?

Poderá um casamento ser um pouco mais franciscano? Francisco viveu de modo a permitir que mulheres como Clara, sua irmã e muitas outras encontrassem meios de servir a Deus. Pode ser que o casamento não contrarie Deus. Talvez ajudar os pobres, reverenciar, orar e conviver ativamente com as pessoas e a natureza não esteja *na* agenda: talvez seja *a* agenda.

Apenas conhecer e comentar a vida de Francisco pode trazer nova visão, cura e esperança a uma família ou relacionamento. Em nossa casa, temos um quadro de Francisco pregando aos passarinhos, uma estátua de Francisco no jardim, ícones de Francisco por toda parte, três de suas preces emolduradas e penduradas no banheiro, no quarto e no escritório. Ter um santo como convidado pode ser só como ter na casa objetos bonitos mas sem importância. Ou então você poderá considerá-lo um interlocutor, um conselheiro, alguém que o esteja protegendo, amando e encorajando. Ele gosta de fazer parte da família. Quando as crianças eram pequenas, montamos um teatrinho de bonecos e encenamos os momentos culminantes da vida de Francisco.

As férias podem ser aproveitadas para ministrar lições sobre a vida de Francisco. Em vez de ir para a praia ou ao clube nos dias livres, você poderá ir para alguma zona devastada por furacões e auxiliar os desabrigados. Na verdade, aonde quer que vá, sempre será possível se lembrar dos pobres e fugir da mentalidade turística de consumo sem freios. A primeira vez que fui a Roma, meu amigo me levou a um abrigo e logo me vi lavando um banheiro justamente no dia em que esperava visitar um museu de arte. A beleza, no abrigo, foi mais real e inesquecível.

Levei duas de minhas filhas a Assis e logo levarei meu filho. A mais velha, Sarah, manteve um diário enquanto percorríamos os caminhos que Francisco palmilhou, sentávamo-nos nas igrejas onde ele orou e comíamos nas ruas que ele percorreu. Ela compôs o seguinte poema:

> Você, querido São Francisco,
> Que desprezou os bens terrenos
> E agora está imortalizado em afrescos:
> Acompanhei os passos de sua vida.
> Você, da alta sociedade,
> Desceu a colina protegida
> Para curvar-se à piedade sagrada
> E fazer a vontade de Deus.
> Suas preces eram tão contritas!
> Você residia na graça divina,
> Detestava as coisas detestáveis
> E ansiava por contemplar a face de Deus.
> Assim, alcançou a santidade eterna.
> Seu amor, voltado para o reino de Deus,
> Desceu sobre mim e me deixou em êxtase.

Francisco nos deixa em êxtase quando nos chama de irmãos, irmãs, uma nova família de Deus. Temos uma palavra para essa estranha família: *Igreja*. E gostaríamos de fazer a Francisco algumas perguntas sobre essa tão curiosa instituição.

CAPÍTULO 4

A PEQUENEZ DA IGREJA

Quando me transferi para uma nova paróquia, há alguns anos, um dos líderes leigos sugeriu que trabalhássemos juntos numa série de encontros comunitários sobre a questão: "Que há de errado com a Igreja?". E acrescentou: "Você poderia até escrever um livro sobre o assunto!" Sem dúvida. E um livro em muitos volumes, com letrinhas miúdas. Mas logo descartamos a ideia: era um alvo muito fácil. Quando analisamos o que há de errado com a Igreja, não sabemos se devemos corar, gemer ou abanar a cabeça. A Igreja é sempre vítima da trivialidade, da caricatura, das artes demoníacas.

Seguramente São Francisco, tão santo, tão perto de Jesus, percebia bem quais eram os pontos fracos da Igreja. Seria ótimo se pudéssemos contratá-lo para um seminário sobre o assunto; ele seria um guru, diagnosticando o que deu errado e quais as medidas drásticas a tomar hoje para que a Igreja se recupere ou ao menos sobreviva.

QUE HÁ DE ERRADO COM A IGREJA?

Embora não tenhamos notícia alguma de que Francisco haja tratado dessas questões, creio saber mais ou menos qual seria sua resposta. "Que há de errado com a Igreja?" "Nada", diria ele, para nosso espanto.

Nada? Francisco, sabemo-lo todos, não era dado a encontrar defeitos nas coisas. Mas a história não para por aí. Francisco, ao que parece, jamais criticou a Igreja ou fez planos para desmontá-la e remontá-la. Mostrava uma terna e obediente humildade em face das autoridades eclesiásticas, fossem elas nobres ou ignorantes, virtuosas ou decadentes. Francisco nunca se isolou da Igreja ou pensou que seu movimento fosse, de algum modo, uma alternativa para ela. A história provavelmente jamais viu alguém mais completamente fiel à Igreja.

Não é que os cristãos, na época de Francisco, temessem a autoridade da Igreja e evitassem criticar: a Reforma já estava à vista. Incontáveis movimentos, como o dos waldenses, grassavam pela Europa, empenhando-se para modificar radicalmente a Igreja, que se tornara corrupta. Outros santos mais ou menos contemporâneos de Francisco censuravam a opulência da Igreja. O maior bastião da Igreja medieval, a abadia de Cluny, foi ridicularizada por São Bernardo: ele zombou das roupas dos monges e até do esplendor das colunas do santuário, censurando:

> Nada direi da altura de vossas igrejas, de seu comprimento imoderado, de sua largura supérflua, dos acabamentos caríssimos, dos baixos-relevos e pinturas

> atraentes para os olhos dos fiéis, mas perturbadores para sua atenção. (...) Diante dessas vaidades custosas, sem dúvida magníficas, os homens se sentem mais inclinados a dar presentes que a orar. (...) Como obedecer a uma Regra envolta em peliças?[1]

Francisco conhecia e destilava os tesouros da Igreja. Não os acabamentos, as peliças e as vaidades, mas os bens genuínos, mais humildes e duradouros – como as Escrituras, é claro. Cada igreja é como a arca da aliança, uma caixa feita à mão que se torna sagrada por causa de seu conteúdo, a Palavra de Deus.

Francisco reverenciava apaixonadamente os Sacramentos. Fora batizado na Igreja,[2] onde se faziam promessas, o Espírito Santo descia e se professava o credo. Lembro-me de estar na basílica de Assis, assistindo a um batizado; várias vezes, na basílica, em São Damião e outras igrejas de Assis, participei da Santa Missa. Enquanto tentava acompanhar o italiano, com inúmeros ecos do latim que Francisco ouvira em criança durante o culto, percebi palavras tomadas de empréstimo pelo inglês, a língua que falo e entendo, suficientes para acompanhar a cerimônia. Fomos batizados na Igreja para viver na Igreja.

E morrer nela. Francisco já empreendera uma longa jornada quando sua saúde finalmente o abandonou. Seu último esforço foi voltar para Assis – mas não só para a cidade. Queria morrer no seio da Igreja e morreu, ansioso por dar o último suspiro em sua amada capela, Santa Maria degli Angeli. Correram rumores de que os sinos de uma igreja próxima, San Stefano, começaram a tocar espontaneamente na escuridão. De início, sepultaram-no em San Giorgio e depois transferiram o corpo para a enorme basílica nova, construída em sua memória. Hoje, a cripta de pedra onde repousa, rodeada pelas sepulturas de seus amigos mais íntimos, é uma capela de indizível santidade.

Francisco nasceu e morreu na Igreja. E viveu na Igreja. Esteve fisicamente em um ou outro templo quase todos os dias de sua existência de quarenta e quatro anos na terra. O corpo e o sangue de nosso Senhor, a leitura dos Evangelhos, os dias santos, os sacerdotes, a arte, as paredes e a própria atmosfera: Francisco amava tudo na Igreja, inclusive seus tesouros.

E, por falar em tesouros, Francisco teria compreendido melhor que qualquer um de nós a maravilhosa história de São Lourenço. Em plena perseguição aos cristãos na Roma do século III, Lourenço foi intimado pelo prefeito romano a juntar os tesouros da Igreja e entregá-los a César no prazo de três dias. Na hora marcada, bateu à porta do prefeito e apresentou-lhe uma longa fila de pessoas sob os cuidados da Igreja – pobres, cegos, aleijados, leprosos e órfãos –, anunciando orgulhosamente: "Estes são os tesouros da Igreja". Pouco se importando com ouro e riquezas, Francisco expandiu magnificamente o verdadeiro patrimônio da Igreja.

A IGREJA MAIOR É MELHOR?

De um modo que, atualmente, nos pareceria contracultural, Francisco gostava das igrejas pequenas, arruinadas, aonde ninguém mais ia. Nelas encontrava seu próprio eu e descobria Jesus (ou Jesus o descobria) diante de um santuário desmoronado, decrépito, que hoje poríamos abaixo com um trator. Assim, a todas as igrejinhas esquecidas e sem importância, acanhadas demais para atrair os visitantes de mente consumista de hoje em dia, Francisco oferece consolo e esperança: o maior dos santos ouviu seu chamado, não numa das gigantescas catedrais em que o gênio arquitetônico estava aplicando os últimos retoques em sua época, mas no interior de São Damião.

Atualmente, muitos turistas deixam de visitar essa igreja modesta, que no entanto foi o berço espiritual de tudo quanto é grande em Francisco. Saindo pela Porta Nuova, pode-se chegar lá com muita facilidade, embora a subida íngreme haja deixado Sarah e a mim sem fôlego sob o sol escaldante de uma tarde de julho. Assim, sentamo-nos num banco de pedra, à sombra, refletindo sobre a história de Francisco.

São Damião existia há mais de cem anos e já mostrava sinais de desgaste quando Francisco penetrou em seu interior. Após regressar da guerra com a Perúgia, ferido, perturbado, confuso quanto à própria identidade, incerto quanto ao futuro, Francisco frequentava diariamente o pequeno santuário e orava – e suas palavras eram a prece de que nos ocupamos por algum tempo no primeiro capítulo:

Deus altíssimo
E glorioso,
Ilumina a treva do meu coração
E dá-me, ó Senhor,
A fé correta,
A esperança firme
A caridade perfeita,
A sabedoria e a percepção
Para que eu cumpra
O que verdadeiramente é tua mais sagrada vontade.

A prece era dirigida à cruz românica. Por fim Cristo, do alto dessa cruz, falou a Francisco. E que disse ele? "Francisco, reconstroi minha igreja, pois, como vês, ela está em ruínas."

Francisco ouviu. E agiu. Com certa ingenuidade, pensou que Jesus se referia à reconstrução de São Damião – e a reconstruiu. Mas é assim mesmo que a reconstrução da Igreja – a grande Igreja, com I maiúsculo, *a* Igreja universal – começa: pela reforma da igrejinha próxima, hoje mesmo. Karl Barth, talvez o mais brilhante teólogo do século XX (ou de qualquer outro!), escreveu sua obra mais destacada quando era pastor de uma pequena igreja em Safenwil, Suíça. Dentro dela, Barth teve uma visão grandiosa para todas as igrejas:

> Creio que a congregação à qual pertenço (...) seja a Igreja universal, única e sagrada. Se não acreditar nisso aqui, não acreditarei nisso em absoluto. Nenhuma ausência de beleza, nem "rugas e manchas" nesta

> congregação me farão desertar. (...) Confiantemente, atesto que a congregação concreta à qual pertenço e por cuja vida sou responsável está empenhada na tarefa de tornar visível aqui mesmo, sob esta forma, a Igreja única, sagrada e universal.[3]

Jesus disse a Francisco: "Reconstroi a minha igreja". Não "vai e sê mais espiritual que a própria Igreja"; nem "demole ou disfarça a minha Igreja"; nem "funda um movimento paralelo que possa superar o verdadeiro cristianismo" – mas "reconstroi a minha Igreja". *Minha* Igreja! A Igreja de Jesus. Não de Francisco, não do papa, não minha nem sua. A deteriorada São Damião não parecia muito promissora. Mas Jesus dissera: "Reconstroi a minha Igreja".

Assim, Francisco iniciou a tarefa, pedra por pedra, e com as próprias mãos. Não imaginamos o embaraço que isso causou: pessoas de sua classe social simplesmente não faziam trabalhos manuais, não carregavam pedras, não se sujavam. Mas, com muita delicadeza e muito entusiasmo, Francisco foi apanhando as pedras caídas. Valendo-se de técnicas de construção que aprendera no exército reparando a fortaleza de Assis, como convinha a um futuro cavaleiro, Francisco se dedicou a pequenas obras de reparação, as de que São Damião mais precisava. Durante quase toda a sua vida adulta, carregou consigo uma vassoura; assim, caso acontecesse de estar numa igreja onde se acumulara pó ou teias de aranha, poderia limpar um pouco o local.

Hoje é diferente. As pessoas afluem em bando para as grandes e bem polidas igrejas com seus pátios perfeitamente limpos e últimos recursos tecnológicos. Francisco ficaria sobressaltado. Seu coração pairava sobre a minúscula São Damião. "Mas é apenas um edifício!", poderíamos dizer. W. H. Vanstone, porém, foi sábio ao escrever: "O apego a um edifício eclesiástico não deve ser desprezado como mero sentimentalismo, pois talvez ele encerre uma compreensão profunda, embora não articulada, do que seja esse edifício".[4]

Após sua morte, Francisco foi paradoxalmente responsável pela construção de algumas catedrais imensas. Ele teria de ser sepultado num local imponente e o papa ordenou que se erigisse a portentosa catedral gótica de San Francesco; hoje, essa basílica domina a paisagem de Assis. Será que Francisco não faria uma careta ao ver semelhante catedral dedicada à sua memória? No céu, ele sem dúvida sorri ainda mais satisfeito ao contemplar São Damião, o templozinho modesto que reconstruiu com suas próprias mãos.

Terminada a obra, passou a outra, Rivo Torto; e ainda a outra, Santa Maria degli Angeli. Na base de uma íngreme colina, a cerca de cinco quilômetros de São Damião, ergue-se o santuário de Rivo Torto. Dentro, vemos dois abrigos onde Francisco dormia, comia, ensinava e servia com os frades nos primeiros anos de seu ministério. Convenci meus adolescentes a percorrer o caminho todo até Rivo Torto; e ao longo da jornada fomos acompanhados pelo canto de dois galos, pelo sol e pelo vento, além do delicioso senso de comunidade que nasce dos rigores de uma jornada a pé e em grupo. Sentamo-nos lá dentro e falamos a respeito dos leprosos na época de Francisco – e dos intocáveis nos dias de hoje.

Dali, tomamos a estrada para a cidade, onde não se pode deixar de visitar uma estrutura barroca não muito bonita perto da estação ferroviária, que Cunningham chamou de "monumento a um mau gosto impressionante".[5] Você entra no maciço edifício e mal consegue se conter; bem no meio do piso está a capelinha de pedra que Francisco reconstruiu, onde orou e em cujas imediações tratou dos leprosos. Para Simone Weil, ela é "uma incomparável maravilha de pureza".[6] Tão sagrado é esse humilde santuário que não tem só um, mas dois nomes: Santa Maria degli Angeli (Santa Maria dos Anjos) e Porciúncula – curioso apelido dado por Francisco, que significa "a pequena porção".

Talvez essa "pequena porção", à sombra de uma estrutura aparatosa que primeiro esconde, depois revela seu tesouro, seja uma boa maneira de imaginar qualquer igreja. Um trecho externo é visível a olho nu; mas em algum ponto no coração do templo, bem no fundo, ergue-se uma capelinha, nada mais que uma choça ou telheiro onde alguns fiéis se reuniam para orar e acalentar esperanças, uma ou duas pessoas mortas há muito tempo. É sua lembrança e a atmosfera íntima das coisas pequenas que constituem a realidade de toda igreja abrigada dentro de algo mais magnificente.

No epicentro de cada igreja está o Senhor vivo, numa pequena bandeja perto de um cálice, sobre uma mesa; à volta, pessoas reunidas, palavras pronunciadas, hinos, as paredes se arqueando no alto, alguns exemplares de arte de mau gosto aqui e ali, um velho órgão, um homem de batina, uma mulher falando, um coro cantando, boletins, contas, saletas com crianças brincando, adolescentes debatendo um tema, um estacionamento, uma placa na estrada.

Mas Francisco sem dúvida até teria gostado da feia igreja barroca e, em vez de criticar seu mau gosto, varreria uma parte do chão e apanharia o copo de plástico que algum turista houvesse deixado cair, certo? Igrejas feias são bonitas. Precisamos de construções de todos os tipos. Deus abençoou essa instituição para que ela testemunhasse dele, a despeito de suas falhas e justamente por causa de sua falta de beleza. "Deus pode esculpir a madeira podre e cavalgar o cavalo manco" (Martinho Lutero). No âmago da feiura da Igreja está a Beleza; dali flui a energia que embeleza toda forma de vida.

COMO DEVE A IGREJA SE ORGANIZAR?

Francisco ouviu seu chamado dentro da Igreja, nas Escrituras que eram lidas na Igreja, diante do crucifixo que artesãos haviam esculpido para a glória da Igreja. Pensaríamos que Francisco, autorizado por Jesus em pessoa, simplesmente sairia a campo para cumprir o que lhe fora pedido. Mas ele continuou submisso à Igreja. Insistia em que seus amigos e seguidores nunca se afastassem dela: "Que todos os irmãos sejam católicos, vivam e falem como católicos".[7] Viajando a Roma para encontrar-se com o papa, não lhe disse o que estava errado com a Igreja, mas pediu-lhe permissão para materializar o que Jesus planejava para ele e por intermédio dele.

Um dos afrescos mais memoráveis na parede do santuário de San Francesco mostra um sonho que o papa Inocêncio III teve quando Francisco visitou Roma pela primeira vez. Os relatos variam, mas numa versão popular Francisco bateu à porta do palácio papal em São João de Latrão. Trajando o hábito dos frades, mas parecendo antes um camponês pobre, foi sumariamente despedido.[8]

Mas naquela noite o papa teve um sonho. A Igreja – a grande Igreja Laterana, o pináculo da Igreja institucional, símbolo de toda a cristandade – balançava e quase ia ao chão. Segurando-a com os ombros e evitando que ela caísse estava um jovem vestido como trabalhador pobre. O papa logo concluiu que se tratava do rapaz humilde a quem não fora permitido entrar no dia anterior. Emissários partiram para encontrá-lo e escoltá-lo ao palácio. Francisco compareceu, conversou com o papa e informou-o do que pretendia fazer, pedindo permissão para ir em frente e formalizar a nova ordem dos fiéis a serviço de Cristo na Igreja e no mundo.

Como concebemos a autoridade da Igreja? Às vezes, pensamos nela erroneamente como o Fantasma da Ópera ensinando Christine a cantar, não para que ganhe asas, voe e impressione os ouvintes, mas para que faça música como uma prisioneira, apenas em benefício dos tradicionais poderes estabelecidos. Francisco, que talvez haja pareci-

do um pouco estranho aos olhos das autoridades eclesiásticas, não foi porém posto de parte como uma ameaça nem mandado ao cárcere. Sua busca foi aceita e incentivada pela Igreja – e isso, não é de crer, justamente porque ele não era um renegado, ansioso por destruir a Igreja, mas um fiel que a amava?

A proposta de Francisco para uma nova ordem acalenta a imaginação. Hoje, a magistratura eclesiástica recebe propostas formais, vazadas em linguagem jurídica, segundo as Regras da Ordem de Robert. Temos comitês, subcomitês, estilo apropriado, forças-tarefa, moções, emendas, votações, registros – e os resultados disso tudo lembram aqueles livros de Direito que atulham as estantes dos escritórios de advocacia ou os relatórios de estratégias empresariais.

Pronto a seguir qualquer procedimento requerido, Francisco apresentou ao papa uma proposta diferente. Sem dúvida, ele não tinha nenhuma tendência corporativa, nenhum projeto amadurecido de implementação. Tudo o que queria era adotar alguns versículos bíblicos sobre a maneira certa de viver, lições que Jesus ensinara a seus discípulos, instruções diretas dos Evangelhos. O primeiro capítulo de sua primeira Ordem prescreve que os frades sigam os ensinamentos e as pegadas de Nosso Senhor Jesus Cristo, que disse:

> Se queres ser perfeito, vai, vende tudo o que possuis e dá o dinheiro aos pobres. Assim, acumularás um tesouro no céu. Então vem e segue-me. Mais: se alguém quiser vir após mim, renuncie a si mesmo, tome sua cruz e me acompanhe. De novo: se alguém se dispuser a vir até mim e não me preferir ao seu pai e mãe, e esposa, e filhos, e irmãos, e irmãs, e mesmo à sua própria vida, esse não poderá ser meu discípulo.[9]

Citando essa série de passagens bíblicas ao papa, Francisco queria dizer basicamente: "Eis aqui o que pretendemos realizar".

Que há de errado com a Igreja? Nada. Sua reconstrução não vai além de nos dispormos a atentar um pouco mais para o verdadeiro tesouro da Igreja, as coisas que Jesus disse e fez. Imagine um homem apresentando uma proposta ao concílio eclesiástico, uma mulher querendo se ordenar, um comitê sugerindo uma nova ideia, um presbitério ou diocese apoiando um plano decenal – e se limitando a abrir seu exemplar da Bíblia, ler alguns versículos e dizer: "Eis aqui o que pretendemos realizar".

No folclore franciscano, a mais importante conferência institucional jamais reunida foi o chamado Capítulo dos Tapetes em 1221. Se compararmos esse acontecimento aos nossos encontros partidários, veremos como as coisas podem ser simples. Homens que acreditavam no que Francisco tentava fazer regressaram de suas missões em terras longínquas. Padres, leigos, extraviados e mesmo um bando de leprosos encheram o vale nas imediações da Porciúncula, onde dormiam em tapetes estendidos no chão, à noite, enquanto os dias eram devotados à prece, ao culto e ao planejamento. Exibições de poder eram malvistas. O próprio Francisco, obviamente o líder e em condições de ocupar uma posição de destaque, insistia em que os outros tomassem a dianteira.

Os encarregados de dirigir a sessão leram algumas páginas que Francisco escrevera. Observem a simplicidade de suas palavras: "A Regra destes irmãos é: viver em obediência, em castidade e sem nada possuir, seguindo os ensinamentos e as pegadas de Nosso Senhor Jesus Cristo".[10] *Pegadas* é palavra muito bem escolhida. Sugere movimentar-se, sair, tomar um caminho. Para Francisco e seus irmãos, o cristianismo não era uma vida estática, mas algo em marcha, ritmado, indo para algum lugar. Você transpira e suja os pés.

Pegadas é também uma maneira humilde de falar na imitação de Cristo. Você não é Jesus; não lhe chega sequer aos pés. Apenas o segue. Põe o pé onde ele deve ter posto o seu e dá mais um passo. Você não precisa ser perfeito e, se se desvia um pouco, pode encontrar de novo o caminho. A Igreja tampouco precisa ser perfeita.

POSSO SER CRISTÃO SEM A IGREJA?

Que nos diria Francisco hoje sobre a Igreja? Cada vez mais pessoas acham que podem ficar mais perto de Deus, servir mais fielmente a Deus longe da Igreja, livres do peso morto da Igreja. Livros sobre um cristianismo mais puro e mais fresco fora da Igreja vendem bem. Jonathan Campbell e sua esposa, Jennifer Campbell, escreveram *The Way of Jesus: A Journey of Freedom for Pilgrims and Wanderers*, a história de como ambos se afastaram da religião organizada: "Não porque houvéssemos perdido a fé, mas para preservá-la. (...) A Igreja me impede de vivenciar Jesus".[11] Querem Jesus puro, não com gelo.

Mas Jesus não está conosco há dois mil anos? Os Evangelhos não foram escritos no seio da instituição da Igreja e para a Igreja? Campbell cresceu num lar devoto, onde se lia a Bíblia. Cabe perguntar como pessoas que não tiveram um lar assim se juntariam a um movimento de aproximação ao Jesus alojado por tanto tempo na Igreja, de onde agora alguns querem desertar.

As pessoas têm lá suas razões para se sentir isoladas da Igreja. Sem dúvida, uma reforma é necessária. Mas a Igreja, em todas as épocas, não reconheceu suas falhas? Essas falhas não são invenções novas: temos séculos de prática! Francisco encontrou a Igreja desgarrada há oitocentos anos. Certamente, a Igreja perdeu o rumo; somos pecadores, praticamente mortos, em ruínas como São Damião.

Mas e se as coisas fossem diferentes? Que faria Deus com uma Igreja que jamais houvesse perdido o rumo, se mostrasse em tudo virtuosa, em tudo intensamente "viva" (como alardeiam hoje tantas congregações), em tudo absolutamente sagrada? Nunca saberemos. Sabemos, porém, que Deus é glorificado (embora o mundo talvez não o perceba, nem muitas pessoas espiritualizadas) numa Igreja que constitui um embaraço para si mesma e para Deus.

Pode bem ser que essa seja a força da Igreja. A Igreja ainda tem poder, decorridos tantos anos. Entrando na Porciúncula, Simone Weil sentiu-se motivada "por algo mais forte que eu" a ajoelhar-se e rezar pela primeira vez em sua vida.[12] A Igreja ainda conserva seus tesouros – e deles acaso não precisamos para permanecer equilibrados e responsáveis? Talvez o poder da Igreja resida nos genuflexórios, numa almofada bordada, num banco de madeira, numa grade de altar. Pessoas que oram implorando misericórdia e buscando a vontade de Deus embora achem que nunca a encontrarão: eis o poder da Igreja.

Ajoelhamo-nos e oramos numa Igreja que sabemos precisar de reformas. Enrubescemos ao perceber a embaraçosa distância entre as atividades da Igreja e as palavras lidas no púlpito. Considere-se uma passagem como Mateus 10, que Francisco tomava ao pé da letra. Jesus envia os discípulos, dizendo: "Não leveis nada na viagem ... nem ouro, nem prata". Não estará certo Ulrich Luz?

> Quase nunca na história a Igreja agiu como aqui está descrito. (...) Ela não consistia de radicais itinerantes; bem ao contrário, os radicais, quando surgiam, eram considerados suspeitos. (...) A ideia do radicalismo itinerante desapareceu quase por completo. As igrejas o ignoravam de todo. Não é de estranhar: uma instituição que edifica catedrais e oferece não apenas comida, mas também casas e automóveis a seus trabalhadores, não pode apreciar esse tipo de tradição.[13]

Costumamos interpretar assim as palavras de Jesus: serviam para aquela época. Hoje, são impraticáveis. Como ajudaríamos os pobres se nos tornássemos mendigos? De certa maneira, é o mesmo que perguntar: que aconteceria se lêssemos a Bíblia a sério, em vez de interpretá-la? Convém pressionarmos Francisco um pouco mais sobre o modo como ele lia a Bíblia e como nos ajudará a deslindar as passagens difíceis – e, talvez mais importante ainda, as passagens fáceis.

CAPÍTULO 5

UMA LEITURA LITERAL DA BÍBLIA

Uma das mais comovedoras relíquias que os turistas em Assis podem contemplar é o pequeno volume encadernado dos Evangelhos que Francisco levava consigo e lia. Observando-o, não consigo imaginar bem o quanto esse livrinho era estimado por aquele homem e me impressiona muito seu poder de modelar uma vida como a de Francisco. Se o maior tesouro da Igreja é seu Livro; se as Escrituras realmente são (como as concebia Lutero) "as faixas em que Cristo está envolto" e se a reconstrução da Igreja e da vida de cada um de nós depende de nossa leitura da Bíblia, de uma maior atenção e reação a essa leitura, precisamos fazer a Francisco algumas perguntas sobre como ler, como abordar o Livro. Na presença de alguém como Francisco, perguntemos simplesmente:

DEVO TOMAR A BÍBLIA AO PÉ DA LETRA?

Francisco talvez corasse a essa pergunta, mas sua resposta seria a de sempre, muito clara: "Sim".

Remontemos no tempo à Idade Média, quando ninguém tomava a Bíblia ao pé da letra. Para os leitores medievais, ela não passava de um apanhado místico de símbolos e códigos. O jogo artístico da interpretação bíblica era a alegoria. Por Babilônia não se podia entender Babilônia: significava o Império Romano. A cidade de Jerusalém não era um lugar no mapa da antiga Palestina e sim uma palavra cifrada para "Igreja Católica". Os Cantares de Salomão pareciam louvar poeticamente o convívio íntimo de jovens amantes, mas na verdade falavam teologicamente do amor entre Cristo e sua noiva, a Igreja. Teólogos gastavam energias imensas e davam asas à sua imaginação fantástica ao mergulhar nas profundezas da Escritura, que nunca significava o que parecia dizer. Paulo não disse "A letra mata, o Espírito vivifica" (II Coríntios 3:6)?

Francisco desaprovava esses leitores finórios, teologicamente rebuscados, levando muito a sério a "letra" e intuindo que o "Espírito" não era nenhuma verdade misteriosa, clandestina, disfarçada sob as palavras da página. Para Francisco, o "Espírito" representava o poder da presença de Deus que lhe permitia, e permite a todos nós, não apenas "ouvir", mas "executar" a Palavra (Tiago 1:22).

Como vimos, a história evangélica de Cristo não era somente algo em que Francisco acreditava; era também o roteiro de sua vida e ele o lia com impressionante ingenuidade. Henrique de Avranches, escrevendo apenas seis anos após a morte do santo, captou em versos sua visão das Escrituras:

> Ele não se deterá em nada,
> Mas seguirá o texto e adotará confiantemente
> Cada palavra. A alegoria pode prevalecer em
> muitos passos,
> Mas o sentido literal a supera quando nenhuma
> metáfora confunde a mente
> Do autor e suas palavras significam o que estão
> dizendo.
> Tendo, pois, lido tudo o que se exigia dele,
> Como seu próprio intérprete, sabia mais do que se,
> da palavra,
> Fosse mero ouvinte e não praticante. Dizia ele:
> "O que Cristo ordena,
> Devo cumprir sem tardança. Essa é a minha vontade,
> meu voto,
> Aquilo por que toda a minha alma anseia".[1]

Francisco entendia a Bíblia ao pé da letra. Não a decifrava como um código de intenções misteriosas. Supunha que ela significasse pura e simplesmente o que dizia – e que a ele cabia obedecer!

Não muito antes de resolver seguir a Cristo com inteiro abandono, Francisco foi orar na pequena capela de Santa Maria degli Angeli. Durante o serviço, ouviu Mateus 10:9-10, onde Jesus disse aos discípulos que não deviam levar nem ouro nem mantos, nem sandálias nem bordões na viagem. Sem complicar o texto, tornou-se um homem de ação, pondo de parte a moda e os adornos, vestindo um traje tosco amarrado por um pedaço de corda em lugar do cinto (agora conhecidos no clero como alva e cíngulo) e com os pés nus (ou, como diríamos hoje, descalços).

Bernardo de Quintavalle, intrigado, convidou Francisco à sua casa. Após a ceia, recolheram-se. Francisco fingiu dormir; Bernardo também – até simulou uns roncos. Francisco levantou-se e ajoelhou-se, rezando sem parar a noite inteira: "Meu Deus, meu tudo". Bernardo se comoveu e, na manhã seguinte, perguntou a Francisco como poderia se tornar um servo de Deus.

Os dois se dirigiram a uma igreja chamada San Nicolò, onde Francisco pediu que a Bíblia fosse aberta três vezes ao acaso. O trio de versículos resultante é muito conhecido, mas quase ninguém o leva a sério: "Vende o que possuis e dá o dinheiro aos pobres" (Mateus 19:21); "Não leveis nada na viagem" (Lucas 9:3) e "Se alguém quiser vir após mim, renuncie a si mesmo" (Mateus 16:24). Bernardo fez o que o mancebo rico não conseguiu fazer: vendeu tudo e deu o dinheiro aos pobres, como alguns outros rapazes (Giles, Masseo, Leo) e até mulheres (especialmente Clara). Imitando Cristo, os frades se tornaram itinerantes, sem ter onde descansar a cabeça (Mateus 8:20).

Cerca de dois anos depois, Francisco viajou para Roma e obteve uma audiência com o papa Inocêncio III. Como vimos no capítulo 4, ele solicitou a aprovação de uma Ordem, um modo eclesiasticamente autorizado de vida para ele e seu grupo novato de irmãos. Francisco não redigiu o tipo de manual confessional a que estamos acostumados (semelhantes a códigos jurídicos): apenas repetiu os versículos bíblicos que significavam tanto para ele e seus amigos, pedindo o endosso do papa às injunções claras da Escritura, que o pontífice as tomasse literalmente, e que se unisse aos frades na execução do que a Bíblia recomendava com a máxima objetividade.

MODERNAS LEITURAS EQUIVOCADAS DA BÍBLIA

A quantos anos luz disso está a moderna abordagem de uma leitura "literal" da Bíblia? Cristãos comparecem aos tribunais para exigir o ensino do Gênesis como ciência nas escolas públicas. Algumas pessoas pinçam um versículo do Levítico e condenam ferozmente os homossexuais. "A Bíblia é clara!", alardeiam – mas seu modo de vida jamais é afetado de maneira abjeta pelo que a Bíblia afirma com tamanha limpidez. Até que ponto devemos usar nosso tempo para imitar Jesus? Como amar sem permitir que o rancor envenene nossa alma? Será a Bíblia uma arma que posso empunhar para agredir alguém? Ou um roteiro que devo seguir em minha vida?

Há também aqueles que poderiam se beneficiar de uma leitura simples e "literal" da Bíblia. Um advogado muito bem-sucedido e atrevido visitou-me em meu escritório e confessou francamente que não lia a Bíblia "porque não a entendo". Repliquei: "O senhor é advogado. Especializou-se em frases rebuscadas, sutilezas semânticas. Redige contratos que nenhum leigo é capaz de decifrar, sendo esse, aliás, o motivo pelo qual precisamos de advogados. E vem me dizer que não entende a Bíblia?" Li para ele algumas passagens. A desculpa "não consigo entender a Bíblia" é uma cortina de fumaça, um meio de fuga, não é? Mark Twain brincava que as partes da Bíblia que não entendia não o perturbavam tanto quanto as que conseguia entender.

Seria o caso de perguntarmos: "Qual é a vontade de Deus para mim?" – e, embora imaginar o que Deus deseja que eu faça possa parecer uma mistificação, tenho de reconhecer que você e eu poderíamos passar a vida inteira ocupados com as passagens bíblicas absolutamente claras e inteiramente factíveis: "Não vos embriagueis" (Efésios 5:18); "Não julgueis" (Lucas 6:37); "Socorrei os órfãos e as viúvas ... guardai-vos da corrupção do mundo" (Tiago 1:27); "O fruto do Espírito é o amor, a alegria, a paz, a paciência, a ternura, a generosidade, a fidelidade, a gentileza e o autocontrole" (Gálatas 5:22-23). A vontade de Deus é que sejamos santos, ajudemos os pobres, reconciliemo-nos com nossos inimigos, evitemos a maledicência, compareçamos ao culto, vistamos os nus e mostremos gratidão. Caso você tenha que se esforçar para compreender o que Deus deseja, leia a Bíblia literalmente. A clareza indiscutível da maior parte das Escrituras desmistifica a vontade de Deus para mim e, com franqueza, torna-a mais abrangente – e mais amedrontadora! – do que a simples espera de uma crise para eu pensar: "*Agora preciso conhecer a vontade de Deus*".

Para ler a Bíblia, temos de levar em conta *onde* a lemos e *com quem*. Podemos lê-la no escritório ou na cama, antes de adormecer. Podemos lê-la na sala de aula de uma escola dominical, com as cadeiras em volta da mesa, num ambiente familiar. Podemos lê-la sozinhos, talvez junto da esposa ou com um grupo de estudo formado por pessoas de quem gosto, pessoas como eu. Mas, e se a lêssemos – como Francisco aprendeu a ler! – em companhia de estranhos, de pobres? E que tal fora do recinto da igreja ou do conforto do lar, no abrigo de um sem-teto ou debaixo de uma ponte?

Há anos, formamos um grupo de estudos bíblicos que, numa das sessões, examinou o conselho de Jesus ao mancebo rico: "Vende o que possuis e dá o dinheiro aos pobres" (Mateus 19:21). Após alguns comentários repassados de culpa, o grupo se saiu com estas sugestões paliativas: "Jesus pede, realmente, que estejamos *prontos* a dar o que temos" ou "Jesus recomenda uma disponibilidade espiritual, algumas horas de trabalho voluntário" ou ainda "Jesus não quer que eu dê tudo; tenho família para sustentar" e "Os pobres, de qualquer maneira, iriam desperdiçar a doação" e assim por diante. Foram embora muito contentes, talvez pouca coisa mais tranquilos, mas felizes.

Porém, haviam se comprometido na igreja a passar a noite com os sem-teto na semana seguinte, cuidando deles. Um pastor sugerira que os grupos lessem a Bíblia junto com nossos convidados indigentes. Por obra do acaso, o texto da semana para o grupo que se houvera tão bem com o mancebo rico foi justamente este: "Vende o que possuis e dá o dinheiro aos pobres". Tão confiante uma semana antes, o grupo não conseguiu dizer "Jesus, na verdade, não quer que façamos isso", "Tenho família para sustentar" ou "Os pobres, de qualquer maneira, iriam desperdiçar a doação".

SEGUIR A PARTITURA

Lembra-se do modo como Francisco exemplificou as ideias de Nicholas Lash sobre "cumprir as Escrituras" – no capítulo 1?[2] A Bíblia é um roteiro a ser seguido – ou, ampliando um pouco a imagem, a leitura da Bíblia pode ser comparada ao que fazemos com uma partitura musical. Podemos apanhar a partitura de uma sinfonia de Mozart, sentar a uma mesa e apontar os fás sustenidos e as mudanças de tonalidade. Mas a música não foi escrita para ser discutida numa sala e sim executada. Os executantes precisam pegar seus instrumentos e tocar juntos.

A Palavra de Deus, a partitura, existe para que possamos sacar de nossos instrumentos, talvez apenas nossas mãos, mas também nossas ferramentas, carros, fundos, posses, e tocar a música, executá-la, encarná-la – e fazer isso juntos, com os outros executantes, nunca em solo. Tocaremos a música tal qual ela foi escrita, sem improvisar nossa própria sinfonia durante a execução.

Francisco tinha uma imaginação muito vívida, como também os primeiros artistas que pintaram sua vida em afrescos de santuários por toda a Itália. Executar a Palavra, tomar a Bíblia ao pé da letra no sentido de pô-la em prática, isso começa quando visualizamos a realidade do texto. No transepto sul da basílica de São Francisco deparamos com um quadro (de Cimabue) da Crucifixão. Aos pés da cruz estão as mulheres, a mãe de Jesus, Maria Madalena – e bem à sua direita, Francisco. Mas ele não existia na época... ou existia?

Bastante comum na pintura medieval, essa abordagem de uma pessoa se vendo retratada na história bíblica é o ponto de partida do modo como se deve ler a Bíblia. Não é que escolhamos um relato, praticamente uma fábula ou lenda muito, muito antiga, e tentemos, forçando nossos miolos, trazê-la ao longo dos séculos para "torná-la relevante" nos dias de hoje. Ela só parece irrelevante porque ainda não conseguimos vê-la. Para Francisco, irrelevantes somos eu e minha vida hoje, isolados da história antiga. A relevância está lá, não aqui. Não torno a Bíblia relevante para mim; longe disso, procuro um meio de minha vida se tornar relevante nela. Como me localizo na história?

Não sabemos com exatidão. Mas tentamos, arriscamos um pouco, vamos ousadamente aonde nunca estivemos antes. Lawrence Cunningham escreveu que a vida de Francisco foi "uma duradoura experiência de exegese bíblica, não num banco de escola, mas em gestos, atividades, reflexões, preces, atos de caridade e pregação. (...) Ele era um ouvinte da Palavra (...) mas também, acima de tudo, um 'executor', um 'realizador' da Palavra".[3] Ou, como afirmou o primeiro biógrafo de Francisco, "Não tinha ouvidos surdos para o evangelho; ao contrário, guardava tudo o que ouvia na memória excelente e procurava pô-lo em prática".[4]

Para leitores como Francisco, a Palavra não é apenas tinta lançada numa página ou um som emitido numa sala: transforma-se em vida que salta do papel e escapa do recinto. Minha vida pode se tornar um livro aberto, meus movimentos semelharem o folhear de suas páginas; os espectadores talvez me considerem uma boa interpretação da Bíblia, um pedido afetuoso, um conselho para que os não leitores se façam leitores e depois, eles próprios, realizadores.

QUE É INSTRUÇÃO CRISTÃ?

Os educadores já sabem que o aprendizado não acontece apenas (nem melhor!) numa sala de aula, onde pode parecer irreal e até sem substância, por mais avançada que seja a nova tecnologia – ou talvez por isso mesmo. A química acontece no laboratório, a biologia no campo, a oceanografia no mar, a medicina na sala de operações. Onde aprendemos teologia? Que é instrução cristã? E de que modo ocorre nosso aprendizado duradouro como cristãos? A instrução teológica é ministrada na prática, no serviço, na santidade, no mundo real onde Jesus caminhou e Francisco trabalhou.

Francisco tinha apenas alguns rudimentos de cultura. Dizia-se iletrado (detalhe humorístico para nós, a palavra latina que usava era *idiota*!); sabia francês e um pouco de latim. Ao contrário da grande maioria dos italianos da época, sabia também escrever e temos relíquias de seus manuscritos, preservados e em exibição.

Francisco advertia contra o perigo dos livros e do saber, temendo que os frades cedessem à vaidade intelectual e perdessem a humildade do servo; os livros e tudo quanto diga respeito ao empreendimento acadêmico podem se tornar outras tantas posses que nos entravem (e o fato de livros e universidades às vezes tratarem de religião não os faz menos perigosos como bens!). Paul Sabatier escreveu que, para Francisco, "sempre haverá número suficiente de estudantes nas universidades e que se o esforço científico é uma homenagem a Deus, não há risco de faltarem tais adoradores. Mas olhava em vão à sua volta para encontrar quem se dedicasse ao amor e à humildade".[5]

Assim, como é intrigante constatar que na história da cultura e das universidades os franciscanos estivessem, inegavelmente, entre os mais brilhantes, com um currículo incomparável! Ao longo dos séculos, seguidores de Francisco incluíram São Boaventura, Santo Antônio de Pádua, São Alberto Magno, Duns Escoto, Guilherme de Ockham, um verdadeiro *hall* da fama do pensamento medieval. "Tornarem-se mestres em centros prestigiosos como Paris, eis justamente o que Francisco nunca planejou para seus companheiros",[6] aventa Cunningham.

A disciplina física era de capital importância para Francisco e seus amigos. Todavia, gerações posteriores não puderam ou não quiseram sujeitar seus corpos a um regime tão radical e encontraram para ele um substituto mais conveniente, mais fácil e mais insidioso: a disciplina da mente.[7] São Boaventura, ele próprio um erudito brilhante, escreveu a versão oficial da vida de Francisco, omitindo de propósito o que biógrafos anteriores haviam registrado sobre a desconfiança do santo em relação a livros, estudos e conhecimentos – e, sem que isso surpreenda, falsificou um pouco as coisas, amenizando a visão extremada de Francisco sobre a pobreza e o dinheiro.[8]

Francisco nos convida a doar nossos bens mundanos. Isso incluiria livros? Ou mesmo a Bíblia? Há a velha história do monge do deserto que se livrou de todas as suas posses, menos de um exemplar dos Evangelhos. Mas, para alimentar os pobres, acabou vendendo-o também. E explicou: "Vendi até a palavra que me ordenava vender tudo e dar o dinheiro aos pobres".[9] Francisco e seus amigos ficaram célebres por desfazer-se dessas Bíblias maravilhosamente encadernadas que hoje adornam tantas igrejas.

Fato interessante, quando se conta a história da Igreja, Francisco raramente é mencionado, embora seja o gigante da Idade Média. Enfatizamos (talvez com razão) as grandes ideias e os pensadores titânicos como Santo Tomás de Aquino ou Santo Anselmo. Contudo, não seria mau se os alunos fossem instados a atentar mais para São Francisco, cujo talento não se voltava para a análise mental e a retórica sublime. Ele desceu ao vale, sujou as mãos e revelou uma compreensão mais brilhante das Escrituras e da teologia que todos os pensadores juntos – e se desfez da Bíblia.

O PÃO DE SANTO ANTÔNIO

No tempo de Francisco, apareceu um frade que de certo modo conseguia pensar com a mesma profundidade de qualquer estudioso da época e, no entanto, viveu tão humildemente quanto Francisco. Antônio de Pádua morava num eremitério em condições espartanas. Certa vez, os frades se reuniram para o serviço e o ministro perguntou se alguém queria pregar. Um por um eles foram declinando do convite, pois se sentiam despreparados. O ministro sequer pensou em consultar Antônio porque todos o consideravam um simplório. Por fim, ele se adiantou e sua homilia espantou os ouvintes: eloquente, sem arroubos desnecessários de lógica, vibrante de humildade e fé.

As pessoas começaram a requisitá-lo como orador, autor, erudito. Francisco mandou-lhe uma carta consentindo relutantemente em que escrevesse e lecionasse, mas somente "se não calares o espírito de prece e devoção".[10] Até hoje, os católicos patrocinam coletas de alimentos para os pobres, chamadas Pão de Santo Antônio. Maravilhoso: o erudito mais brilhante da época, um dos "doutores" oficiais da Igreja, é lembrado, não por sua proficiência teológica, mas por ser alguém que dava de comer aos pobres!

Leiamos a Bíblia e consultemos livros – como o que você agora tem em mãos –, mas lembremo-nos da advertência de Francisco: os livros são aceitáveis desde que não calemos "o espírito de prece e devoção". Não raro, lemos quando devíamos orar. Falamos *sobre* Deus em vez de falar *com* Deus, conversar com ele, ouvi-lo. Fato intrigante, Francisco, que não se sentia bem com os livros, resolveu publicar seus escritos – mas apenas as preces! Se tinha que ensinar algo por escrito, seriam palavras a Deus, os louvores a Deus.

Às vezes lemos um livro sobre os pobres ou assumimos a missão de estudá-los, mas isso é bem diferente de ir até eles ou ser missionário. Aprender é bom. Jesus disse: "Conhecereis a verdade e a verdade vos libertará" (João 8:32). Mas "não há limites para escrever livros e muito estudo cansa o corpo" (Eclesiastes 12:12). Obras eruditas, comentários bíblicos e clássicos piedosos podem prejudicar-nos se permitirmos que se tornem uma espécie de película protetora entre o apelo da Bíblia e o estudioso. Os que escrevem sobre a Bíblia ou Deus podem nos conduzir para Deus e facilitar nosso encontro com as Escrituras, portanto com a ação, mas também bloquear nossa visão de Deus ou das Escrituras. Assim, ler se transforma em desculpa para não agir. Em minha vida de escritor, rezo esperançosamente para fazer uma coisa e não a outra.

Como ler a Bíblia? Devagar, permitindo que as palavras cumpram sua tarefa. Usando a memória para absorver essas palavras. Mas logo depois pondo o que lemos em prática, entrando na história, vendo-nos no quadro e antevendo o que faremos na próxima hora ou no dia seguinte. Francisco insistia em que nossa instrução acontece lá fora, junto com os pobres, na pocilga enlameada. Pois estamos procurando imitar Jesus e o objetivo não é acumular conhecimentos, mas transformar o coração e ver a beleza que consiste em dar ao faminto um pedaço de pão.

CAPÍTULO 6

A IMITAÇÃO DE CRISTO

Muitos admiradores de São Francisco reconhecem que, no fundo, ele era um pouco dramaturgo. Apesar de toda a sua humildade, vivia como se estivesse num palco, ciente de que as pessoas o observavam, determinado a expor sua experiência de praticar a Bíblia de um modo que não fosse apenas consciencioso, mas também cativante, interessante, envolvente. "Seu desempenho era o de um virtuose."[1]

Pois a esse ator nato, a esse leitor e praticante incrivelmente ingênuo da Bíblia, eu gostaria de fazer uma pergunta tantas vezes ouvida que chega a fatigar – e cuja resposta prevejo. Qual pergunta?

QUE TERIA FEITO JESUS?

A resposta de Francisco? Pelo menos, espero que ele dissesse:

"Observem-me".

"Sigam-me."

Talvez se mostrasse mais respeitoso e humilde, esquivando-se. Mas duvido. Ele se acreditava capaz de dizer quem era Jesus e não parecia se importar com os espectadores. Se quisermos saber o que teria feito Jesus e fazer o que ele fez, com certeza aprenderemos muito simplesmente observando Francisco e tentando, ainda que de modo mais débil, tentar imitá-lo.

As *Florzinhas* começam apresentando seus contos encantadores da seguinte maneira: "Devemos considerar que o glorioso senhor São Francisco conformou-se ao Cristo abençoado em todos os atos de sua vida".[2] Ler as *Florzinhas* é ver outro Jesus vagando pelas colinas da Úmbria. Sendo Francisco "outro Cristo dado ao mundo para a salvação dos homens (...) Deus Pai quis fazê-lo, por muitos modos, parecido a Seu Filho, Jesus Cristo".[3]

Com o tempo, essa tendência a identificar Francisco com Jesus foi levada a extremos. Bartolomeu de Pisa, no final do século XIV, escreveu *Da Conformidade da Vida do Beato Francisco com a Vida de Nosso Senhor Jesus*, obra volumosa que transpira credulidade. Lemos que Francisco, como Cristo, escolheu doze companheiros – e um deles, João da Capela, o traiu e se enforcou. Francisco transformou água em vinho. Curou os cegos, os possessos, os aleijados. Tão notáveis eram seus milagres que multidões corriam para ele, a fim de beijar-lhe a fímbria do manto. Quando entrava numa cidade, o povo aplaudia e se rejubilava, acenando-lhe com ramos de árvores. Não nasceu na mansão de cinco quartos onde decerto viviam seus pais, mas num estábulo.

Os adeptos de Francisco sem dúvida foram longe demais no afã de compará-lo a Jesus. Mas pense: qual é a probabilidade de que, após sua morte, as pessoas que falarem de você recordem tantos pequenos detalhes de sua vida parecidos aos da vida de Cristo que acabem exagerando um pouco, identificando-o com Jesus?

Há alguns anos, as letras WWJD ("*What Would Jesus Do?*", "Que Teria Feito Jesus") eram moda em joias e adesivos. Mas aqueles que as exibiam se preocupavam mesmo em saber o que Jesus teria feito? E eu, devo fazer o quê? Quererei mesmo imitar Jesus ou, melhor dizendo, ser "transformado" (Romanos 12:2) pelo poder de Deus em alguém parecido com ele? Poderei, ao longo do tempo, ter a mente remodelada de modo a que um belo dia me surpreenda percebendo dentro da cabeça, não a minha própria mente, mas a de Cristo (Filipenses 2:5)?

Como foi essa imitação de Cristo por parte de Francisco? Ele se familiarizou bastante com as histórias de Jesus. Lia os Evangelhos constantemente, prestava-lhes ouvidos o tempo todo, refletia a seu respeito dias inteiros. Quando constatava alguma coisa na narrativa evangélica, era incapaz de erguer uma barreira entre os atos de Jesus e os seus próprios, entre a vida de Jesus e a sua própria. No que tocava a Francisco, Jesus não vivera doze séculos antes. Os criativos pintores medievais estavam em sincronia com ele quando colocavam pessoas do século XIII em cenas bíblicas, como se houvessem mesmo estado lá.

Francisco via uma proximidade premente nos relatos da Bíblia e aceitava esse texto como sua lista de afazeres diários. Jesus não tinha onde pousar a cabeça e dormia ao relento? Francisco fazia o mesmo. Jesus tocava os leprosos? Embora isso o incomodasse a princípio, Francisco encontrou um leproso e tocou-o; depois abraçou muitos outros e construiu para eles um hospital com suas próprias mãos.

Tomás de Celano resumiu assim as atividades de Francisco desde o instante em que acordava até a hora de deitar-se:

> Estava sempre com Jesus:
> Jesus no coração,
> Jesus nos lábios,
> Jesus nos ouvidos,
> Jesus nas mãos;
> Levava sempre Jesus em seu corpo inteiro.[4]

Faz alguns anos, imprimi esses versos e colei-os em minha geladeira, perto do telefone e no tampo de minha escrivaninha. Francisco pode nos ajudar durante o dia com esta imagem poderosa: agora mesmo, estou com Jesus? Jesus está em meu coração? Pretendo dizer alguma coisa: está Jesus em meus lábios? Ouço alguém: está Jesus em meus ouvidos? Pego alguma coisa, seguro alguma coisa, ergo a mão, faço um serviço qualquer: está Jesus em minhas mãos? Observo meu corpo, onde ele se acha, o que faz, o que coloco nele, aonde vai: estou levando Jesus em meu corpo inteiro?

Se Francisco almoçava e ouvia o nome "Jesus", esquecia-se de comer; se caminhava pela estrada e punha-se a cantar uma canção sobre "Jesus", perdia o rumo ou se esquecia do lugar para onde estava indo. Alguma vez Jesus me distraiu? Alguma vez me perdi "em êxtase, amor e reverência"?[5]

MINHA VIDA É MINHA ARGUMENTAÇÃO

Mas temos alguns problemas, não? Embora eu conheça o inglês e a Bíblia tenha sido traduzida para essa língua, de modo que a posso ler sem obstáculos, ainda assim leio Jesus equivocadamente. Minha visão é seletiva: vejo o que quero ver e às vezes ignoro o que está diante do meu nariz. Transformo Jesus em algo mais palatável para mim. Albert Schweitzer proferia suas famosas palestras na Universidade de Estrasburgo, ajudando seus alunos a entender como interpretamos mal Jesus e fazemos dele o que queremos que ele seja: "Cada época teológica descobriu suas próprias ideias em Jesus. (...) Cada indivíduo criou Jesus à semelhança de seu próprio caráter. Não existe nenhum empreendimento histórico capaz de revelar melhor o verdadeiro eu de uma pessoa do que o relato de uma Vida de Jesus".[6]

Mas pense-se em Schweitzer! Organista e especialista em Bach de fama mundial, filósofo e teólogo, talvez o maior estudioso da Bíblia de sua geração e, ainda por cima, um médico brilhante: Schweitzer levava a sério sua leitura da Bíblia e encontrou Jesus, por assim dizer, pessoalmente. Escreveu:

> Desconhecido e anônimo ele se aproxima de nós, como se aproximou à beira do lago daqueles homens que não o conheciam. Suas palavras são as mesmas: "Sigam-me!" – e impõe-nos tarefas que quer ver cumpridas em nossa época. Ele ordena. E aos que obedecem, sejam sábios ou ignorantes, Jesus se revela por meio de todos quantos têm o privilégio de vivenciar essa comunhão de paz e atividade, de luta e sofrimento – até que cheguem a conhecer este segredo inexprimível: quem ele é.[7]

Mas então Schweitzer continuou falando de Jesus nas salas de conferência da Europa, emocionando o público, nos intervalos, com seu teclado mágico? Não. Colocou um capacete de cortiça e se foi para as selvas da África, a fim de exercer a medicina entre os povos mais deserdados do mundo. Por quê? Eis o que escreveu: "Decidi (...) que faria de minha vida minha argumentação. Defenderia as coisas nas quais acreditava em termos daquilo que vivesse e daquilo que fizesse".[8] Amigos cristãos superficiais acharam que ele enlouquecera. Mas Albert Schweitzer é ainda louvado como um dos heróis mais exemplares de todo o século, um verdadeiro São Francisco em sua época.

Todavia, quando penso em Schweitzer, sinto-me como quando penso em Francisco: de certo modo, grande. Constato as possibilidades. Mas, quando avalio minha vida, sinto-me bem pequeno. Pergunto-me então por que vivo tão acanhadamente. Quero imitar Jesus, mas meus esforços parecem muito pueris, muito amadorísticos. Não importa quão valentemente procure imitar Jesus, fracasso de maneira lamentável. Estou pronto a admitir que mesmo em meus dias mais santos, mais espirituais, não posso dizer que Jesus esteja por inteiro em meu coração, lábios, ouvidos, mãos e corpo.

Francisco, porém, sempre se mostrou ternamente misericordioso para com seus amigos, para com os novos conversos e até para consigo mesmo. Jesus é, todo ele, misericórdia; e há misericórdia oculta também nas tentativas dos biógrafos de Francisco de exaltar sua semelhança com Cristo. Tomás de Celano analisou a vida do santo e concluiu:

> Seu mais alto objetivo, seu mais intenso desejo e sua mais cabal intenção consistiam em submeter-se ao sagrado evangelho em todas as coisas e por todas as coisas, em seguir o ensinamento de nosso Senhor Jesus Cristo e retraçar-lhe uma por uma as pegadas. (...) Mal conseguia pensar em outro assunto.[9]

Pegadas? Vou atrás de alguém que é grande. Eu mesmo não preciso sê-lo. Simplesmente vou atrás, procurando pisar justamente onde os pés à minha frente pisaram. Estou como que na sombra. Não preciso ser Francisco. Não preciso ser Jesus. Mas vejo-lhes as pegadas. Posso desgarrar-me às vezes, mas procuro pisar exatamente onde pisaram. Não sou tão bom quanto eles eram quando iniciaram a jornada. Nem preciso sê-lo.

Francisco apenas seguiu as pegadas de Jesus. Era humilde, sabendo muito bem que não se podia considerar um segundo Cristo. Certa vez iniciou um jejum de quarenta dias, mas comeu metade de um pão no trigésimo nono para evitar qualquer indício de vaidade. Francisco seguiu as pegadas de Jesus. E eu, que posso fazer? Retraçar as pegadas de Francisco, pois isso me parece mais seguro do que tentar seguir diretamente as de Jesus! G. K. Chesterton observa, com apuro, que Francisco era "um esplêndido, mas ainda assim misericordioso Espelho de Cristo". E continua:

> Se São Francisco era como Jesus, na mesma medida Jesus era como São Francisco. (...) De fato, é esclarecedor constatar que Cristo era como São Francisco. (...) São Francisco é o espelho de Cristo mais ou menos como a Lua é o espelho do Sol. A Lua é bem menor que o Sol, mas está também muito mais perto de nós; e, sendo menos vívida, torna-se mais visível. Exatamente no mesmo sentido, São Francisco está mais perto de nós; e, sendo apenas um homem como nós próprios, podemos concebê-lo com mais facilidade.[10]

Francisco é concebível. Por isso me arrisco a sair e acompanhar suas pegadas.

COMEÇAR PEQUENO

Assim, começarei pequeno – tal como Francisco era pequeno, tal como Deus se fez pequeno em Cristo, cujo melhor sermão começa pelas palavras "bem-aventurados os pobres em espírito" (Mateus 5:3). As Beatitudes, ou Bem-aventuranças, sugerindo-nos ver o mundo de cabeça para baixo, estabelecem que abençoados são os pobres, os aflitos, os mansos, os famintos e sedentos de justiça, os puros de coração, os misericordiosos, os pacíficos, até os perseguidos.

Quando escrevi um livro sobre as Beatitudes, declarei que o perfil de Francisco poderia ser associado a qualquer uma delas num dicionário bíblico.[11] Seu hábito grosseiro, exposto aos turistas em Assis, prova que ele se tornou pobre. Ouvindo as queixas de uma criatura sofredora, ele chorava; mais tarde na vida, perdeu a maior parte da visão por derramar tantas lágrimas. Quem teve mais fome e sede de justiça? Tão misericordioso era ele que não pisava sequer numa formiga; Francisco "parece ter amado a todos, mas principalmente aqueles que todos o condenavam por amar".[12] Seu coração era puro; seu pacifismo se tornou matéria de lenda. Enfim, foi perseguido – e quem mais o perseguiu foi o próprio pai.

O motivo de Francisco ter sido pobre, manso, misericordioso e puro foi Jesus. Você não sente que, ao ouvir Jesus falar das Beatitudes, vem-lhe como que o eco de uma reflexão autobiográfica, como se ele dissesse: "Sou assim e assim é a amizade para comigo, pois assim é a unidade com Deus"? Jesus era pobre e nunca teve casa: "O Filho do Homem não tem onde pousar a cabeça" (Mateus 8:20). Tinha, isso sim, fome de justiça: "Meu alimento é cumprir a vontade daquele que me enviou" (João 4:34). O coração de Jesus era puro; compadecia-se dos desprezados pela sociedade. Disse: "Sou manso e humilde de coração" (Mateus 11:29). Diante de Pilatos, não se mostrou altivo, mas permaneceu "como o cordeiro prestes a ser sacrificado" (Isaías 53:7) e nada disse. A missão toda de Jesus resumiu-se em fazer a paz e foi perseguido por isso. Chorou muito: derramou lágrimas abundantes por Jerusalém (Mateus 23:37) e soluçou perdidamente no jardim de Getsêmani.

Talvez seja daí que eu deva começar. Vejamos se, com Francisco, essas simples disposições de Cristo criarão raízes em mim. Posso tapar os ouvidos quando bombardeado pela sabedoria convencional da sociedade (por exemplo, "bem-aventurados os que ascendem na hierarquia empresarial" ou "bem-aventurados os de boa aparência e bem relacionados"). Posso conviver com os pobres para descobrir minha própria pobreza; posso assistir aos noticiários e deixar que as lágrimas escorram em vez de permitir que a cólera exploda; posso renunciar a Deus como minha propriedade de hoje e tê-lo como uma presença constante à qual aspiro; posso ir até a pessoa com quem estou em guerra e conversar com ela.

Posso começar pela imitação de Cristo. Tentarei crer nas palavras de São João Crisóstomo: "Cristo te deu também o poder de seres como Ele, na medida de tua capacidade. Não temas ouvir estas coisas. O medo nada tem a ver com Cristo".[13] Sim, tropeçarei e cairei de cara no chão; mas essa é justamente a beleza do empreendimento, certo? E talvez, se eu imitar Jesus nem que seja de maneira vacilante, alguém mais se decida a me seguir também. Ubertino da Casale escreveu que a meta de Francisco era "reproduzir em si mesmo *e nos outros* as pegadas de Cristo já cobertas pelo pó e esquecidas".[14] Ajudemo-nos uns aos outros a descobrir as pegadas de Cristo e sigamo-las juntos, humildemente.

O PREGADOR QUE DANÇAVA

Que teria feito Jesus? Francisco poderia dizer: "Observem-me", mas sem ares de presunção ou vaidade espiritual. Segundo Sabatier, a humildade de Francisco em reconhecer que era simples imitador de Cristo, não uma cópia perfeita dele, "preservou-o das tentações do orgulho e permitiu-lhe proclamar suas ideias com incomparável energia, sem que jamais parecesse estar ele próprio pregando".[15] Francisco não pregava ele próprio; mas então como pregava? E quanto a seus ouvintes, que se sentiam literalmente extasiados e prontos para entrar em ação depois de escutá-lo? Perguntaríamos a Francisco: "Que é um bom sermão? Que coisas devemos ouvir?"

Francisco poderia, sem dúvida, figurar como o pregador mais fascinante da história. Ah, se um passe de mágica qualquer nos transportasse no tempo para que o filmássemos em pleno uso de sua técnica! Testemunhas diziam que sua alegria exuberante, ao pregar, invadia-lhe o corpo inteiro a ponto de agitar-lhe os pés – como se Francisco dançasse. Os espectadores notavam que "ele fazia de todo o corpo uma língua", com gestos tão enfáticos quanto as palavras. Seu objetivo, ao pregar, era transfundir-se num "quadro" que glorificasse a Deus. Pregava nas catedrais, nas praças públicas, à beira das estradas, nas praias. As pessoas literalmente corriam para ouvi-lo antes que partisse para uma aldeia vizinha.[16]

Francisco pregava e não era ordenado! Era um leigo, um trovador francês que conhecia o negócio de tecidos. Não recebera nenhuma instrução em oratória sacra. Talvez houvesse aprendido os rudimentos da retórica quando frequentou a escola. Mas, segundo parece, nunca recorreu à eloquência clássica em seus sermões. Algumas pessoas que o ouviram pregar resumiram assim seu desempenho e a resposta que provocava no público:

> Não com as palavras sedutoras da sabedoria humana, mas com a doutrina e a virtude do Espírito Santo, ele proclamava o Reino de Deus, sempre exibindo grande confiança; verdadeiro pregador confirmado pela autoridade apostólica, jamais empregava termos lisonjeiros, pois a lisonja lhe era detestável. Aquilo que pregava aos outros verbalmente, experimentara-o antes em atos, de sorte que podia dizer a verdade sem hesitações. A força e a autenticidade de sua linguagem, que ninguém lhe ensinara, deixavam maravilhados até os cultos e doutos, dos quais não poucos acorriam para vê-lo e ouvi-lo, como se fosse um homem de outro século.[17]

Ele *era* um homem de outro século. Do fundo do coração e em tudo o que fez, viveu nos tempos da Bíblia; e, para que de tão longe sua voz ecoasse com clareza, precisou empregar palavras simples, diretas, envolventes.

Os sermões típicos, na Idade Média, versavam sobre complicadas questões teológicas de um modo analítico, como se se tratasse de um debate acadêmico. Francisco, porém, não frequentara as grandes universidades de teologia, de sorte que não estava preparado para pregar em estilo rebuscado. Seus sermões eram paixão pura, fervor puro, testemunho pessoal de alguém cuja vida se transformara.

Hoje, muitos jovens cristãos exibem cartazes com as supostas palavras de Francisco: "Pregai o evangelho; se necessário, com palavras". Não há registro de que Francisco houvesse dito isso – e ele disse muita coisa. Mas todos quantos se impressionavam com sua pregação garantiam que o mais atraente nela era o fato de sempre corresponder à sua vida. Não havia dissonância entre as coisas que dizia e os atos observáveis que praticava. Talvez devêssemos incentivar nossos pregadores a serem bons e santos, como a nós também conviria sermos santos e bons para que todos pudéssemos ouvir a Palavra de Deus. Se declinássemos de ouvir, deliciados, os tagarelas manhosos, provavelmente buscaríamos palavras mais simples nos lábios de alguém que encarnasse a fé.

Em sua intrigante biografia de Francisco, Michael Robson inicia a análise da pregação do santo com a frase: "Depois de sua experiência de conversão (...) ele começou a pregar a penitência a todos com o espírito cheio de fervor e a alma cheia de alegria, edificando os ouvintes com suas palavras singelas e sua grandeza de coração".[18] A ideia de pregar penitência "com o espírito cheio de fervor" pode evocar imagens de torturas infernais e poças de enxofre. Mas Francisco pregava penitência "com o espírito cheio de fervor *e a alma cheia de alegria, edificando* os ouvintes". Não costumamos associar arrependimento a alegria. E, antes de ouvir Francisco, ninguém também associava! A maioria dos sermões medievais conclamava ao arrependimento, mas o tom era severo. Esses sermões nos lembram o sargentão a repreender o recruta que errou o passo. Francisco conhecia os pecados e lamentava os seus profundamente, chorando sem reservas pelo mínimo desvio da vontade sagrada de Deus. Mas havia algo de jovial, confiante e simpático em sua desventura por desobedecer ao Senhor. O júbilo do arrependimento vem da certeza de que Deus se mostrará misericordioso, de que Deus nos ama, de que uma força irá extrair algo novo do que é velho, feio e moribundo.

Francisco mostrava "grandeza de coração". Madre Teresa dizia sempre que a prece dilata o coração. O de Francisco era enorme, uma vasta caverna com bastante espaço para o louvor, os estranhos, o amor em abundância, a caridade – espaço bastante para a criação inteira e mesmo para o Deus infinitamente grande e majestoso. A prece dilatou seu coração. Antes de pregar, ele passava a noite inteira mergulhado em intensa oração. Sua familiaridade com Deus não era imaginária nem cultivada no breve prazo de uma reza rápida. Ele passava muito tempo com Deus, em conversa íntima.

Os temas tratados em seus sermões soavam polêmicos, até mesmo ofensivos. A época era tensa; guerreava-se por ninharias; todos andavam armados; os cavaleiros posavam de heróis. Num ambiente tão belicoso em que a guerra gozava, literalmente, de muita popularidade, Francisco difundia a paz. Muito ingênuo, não separava a Igreja do Estado. Para ele, Deus era grande demais, onipresente demais, interessado demais nas minúcias do universo para poder ser confinado aos aspectos políticos. Francisco ia de encontro ao perigo e falava diretamente aos fomentadores de guerra em Assis, Perúgia, Bolonha e até do Oriente Médio. Mais adiante, conversaremos com Francisco a respeito de seus lendários esforços pela paz. De momento, observemos apenas que seus trabalhos heroicos em prol da concórdia habilitaram-no a falar com autoridade sobre paz a pessoas que antes gastavam toda a sua energia imaginando meios de vencer guerras.

Sua santidade pessoal não ficava encoberta em seus sermões, mas era utilizada para persuadir. Certa vez, convalescendo de uma doença terrível, dominado pela febre, tirou a túnica para que as pessoas vissem sua lamentável condição, as marcas de um jejum tão rigoroso quanto o de Jesus, os sinais das lágrimas que vertera por seus pecados. Derramou cinzas sobre a cabeça e espalhou-as pelo santuário. Esse foi o sermão. Os que haviam comparecido para "ouvi-lo" ficaram emocionados. Seu regime de devoção total a Cristo, seu implacável compromisso com a vida evangélica e sua humildade notória chocaram-se com a devoção superficial, a autoindulgência empedernida e o orgulho pomposo daquelas pessoas. O contraste as envergonhou e sentiram-se dispostas ao arrependimento. Alegre arrependimento, supomos.

AS CHAGAS DE JESUS

O ponto central da pregação de Francisco, da vida de Francisco, da Igreja e da existência de todos nós é a cruz. Quase ao fim de seus dias, ele se tornou obcecado pela crucificação de Jesus, por seu sofrimento em favor da humanidade. Muitas vezes o viam à beira da estrada, chorando. Por quê? Simplesmente refletia, enquanto caminhava, sobre a agonia de Cristo na cruz, em seu amor profundo, em sua dor física – e a tristeza o dominava. "Com efeito, a tal ponto (...) a caridade da Paixão ocupou-lhe a mente que mal se permitia pensar em outra coisa."[19] Afinal, suas primeiras conversas com Jesus ocorreram quando ele estava ajoelhado diante do crucifixo. Francisco se concentrava nos momentos em que Jesus padeceu e em que, ao mesmo tempo, revelou a imensa glória e graça de Deus.

Dois anos antes de morrer, Francisco se afastou das multidões e foi para o rochoso monte LaVerna. Era setembro de 1224, mês da Festa da Exaltação da Cruz pelo calendário católico. Orou intensamente, com palavras de uma insuperável força teológica:

> Meu Senhor Jesus Cristo, peço-te que me concedas duas graças antes de minha morte. A primeira: que em vida eu sinta na alma e na carne, tanto quanto possível, as dores que Tu, querido Jesus, suportaste na hora de Tua mais amarga Paixão. A segunda: que eu sinta no coração, tanto quanto possível, esse amor ilimitado com que Tu, ó Filho de Deus, Te inflamaste ao assumir a missão de padecer tamanho sofrimento por nós, pecadores.[20]

O que sucedeu então é um milagre incontestável ou uma fraude horrível. Um anjo pregado a uma cruz – não seria o próprio Cristo? – desceu e feriu as mãos, os pés e o flanco de Francisco. Pelos dois últimos anos de sua vida, ele se viu marcado por essas chagas, os estigmas. Embora tentasse escondê-las, alguns amigos conseguiam ter uma rápida visão delas de vez em quando. As feridas sangravam intermitentemente, mas Francisco jamais se queixava. Quando seu corpo estava sendo preparado para o sepultamento, os estigmas foram examinados e atestou-se que eram genuínos. Desde então a história teve notícia de outros estigmatizados, pessoas santas que apresentam feridas clinicamente inexplicáveis nas mãos, pés e flancos, sujeitas a hemorragias periódicas.[21]

Que teria feito Jesus? Que fez Jesus? Permitiu que o tratassem brutalmente. Foi escarnecido, esbofeteado, açoitado. Deixou que seu corpo belo e sagrado suportasse os horríveis tormentos físicos da crucificação. Grandes pregos de ferro foram cravados em sua carne e ossos, sobre uma haste de madeira de oliveira. A ponta de uma lança perfurou-lhe o ventre. Espinhos pungiram-lhe a fronte. Nós evitamos o sofrimento a todo custo; mas quanto isso nos custa? Nunca conheceremos o coração de Deus, o amor profundo de Deus, até penetrarmos em suas feridas.

Durante a Semana Santa, levei um punhado de adolescentes em visita a LaVerna, uma região pedregosa e tristonha, crivada de precipícios. Segundo a lenda, Francisco subia a montanha quando desmaiou de cansaço e sede. Milagrosamente, um repuxo de água brotou das pedras e

sobre ele um bando de pássaros se reuniu para pipilar. Francisco continuou subindo. Nós subimos também. Há por ali dezenas de cavernas e fissuras; foi nesse terreno áspero que Francisco imaginou estar penetrando nas chagas de Cristo. Alguns chamam LaVerna de "montanha ferida".[22] Francisco acreditava que o terremoto ocorrido durante a crucificação de Jesus produzira aquela paisagem revolta.

As paradas ao longo de nossa subida incluíram várias capelas minúsculas. A Capela das Relíquias exibe a toalha de altar, o cálice e a pátena que Francisco usava quando ia ali. Diz-se que um pedaço de pano está manchado com o sangue de Francisco; e há também a roupa que ele usava quando contraiu os estigmas. Francisco foi ferido do alto ou de dentro, claro testemunho da intimidade física do santo com seu Salvador.

Paulo fala misteriosamente em carregar "as marcas de Jesus" no corpo (Gálatas 6:17). Ser marcado por ele: é como se Jesus escrevesse "Que amor admirável é este?" no próprio corpo de Francisco. Por que foi ele escolhido para semelhante milagre? A devoção de Francisco a Jesus era mais apaixonada que a minha? Desejarei ir tão longe? Por que Deus escolheu Francisco? Um dia, quando o santo voltava de suas preces, o irmão Masseo lhe perguntou:

> "Por que tu? Por que tu? Por que tu? O mundo inteiro parece estar vindo atrás de ti, todos querem te ver, te ouvir, te obedecer. Ora, não és um homem formoso; não és um sábio ou erudito; não és de nascimento nobre! Por que o mundo inteiro parece estar vindo atrás de ti?"
>
> Francisco replicou que Deus não poderia encontrar um pecador maior, "mais despido de qualidades e mais vil. Por isso, a fim de realizar o feito miraculoso que tem em mente (...) escolheu a mim".[23]

Os grandes feitos de Deus, operados na vida de Francisco, estenderam-se ao mundo natural e mesmo ao mundo conhecido em nossos dias. Nada é mais admirável que o modo como Francisco enfrentou a dor, o sofrimento e o mal aqui embaixo.

CAPÍTULO 7

PAZ PARA A CRIAÇÃO E A HUMANIDADE

Talvez queiramos fazer a Francisco a pergunta que sempre nos atormenta sobre as causas do mal: "Por que coisas ruins acontecem?" Mas ele nunca pensou nisso. Um santo que busca o sofrimento, que deseja ser ferido como Jesus o foi, decerto não pergunta por que acontecem coisas ruins – como se a dor fosse uma anomalia estranha a Deus.

Nada nos espanta mais que o modo como Francisco reagiu a tudo quanto lhe aconteceu durante o inverno de 1224-25. Fisicamente, estava muito mal: quase cego, os pulmões tomados pela tuberculose, padecendo dores constantes, exaurido pelos efeitos acumulados dos jejuns e das viagens cansativas, com os ratos a infestar-lhe a casa, esgotado pelas hemorragias esporádicas nas feridas abertas das mãos, pés e flanco, só dispunha do atendimento médico medieval, causador mais de dano que de benefício. Sua missão parecia condenada ao fracasso: os frades altercavam, em constante polvorosa, apresentando todos os sinais da ruína do movimento. Emocionalmente, Francisco estava exausto.

No entanto, longe de ceder ao desespero, longe de implorar a Deus que amenizasse sua sina, que corrigisse os erros dele e dos demais, Francisco pedia ao Senhor não para se curar, mas para conseguir suportar a doença pacientemente. A resposta de Deus? Francisco "foi avisado em espírito" de que receberia "um grande e precioso tesouro", além da promessa: "Alegra-te e rejubila-te em tua doença e provações, pois que agora estás tão seguro quanto se estivesses já em meu reino".[1]

Esse tesouro, alegria de Francisco, sua doce segurança, começou a tomar a forma de consoantes, vogais e sílabas num tom musical, numa frase melódica. Sua mão trêmula e dolorida segurou uma pena e se pôs a escrever um poema maravilhoso, uma canção de louvor incontido e pessoal, um convite a todos para rejubilar-se nos deleites do reino de Deus:

> Sê louvado, Senhor meu, por todas as tuas criaturas.
> (...) pelo abençoado Irmão Sol
> Que à tua ordem nos dá o dia e nos ilumina. (...)
> Sê louvado, Senhor meu, pela Irmã Lua e as estrelas
> Que fizeste tão brilhantes, preciosas e belas.[2]

Assim começa o mais sublime hino de louvor a Deus que a história registra, o momento mais inspirado da poesia, a mais pura exposição cristã de nosso encantamento com as obras de Deus: o Cântico das Criaturas, de Francisco. Enfrentando o pior, ele as glorifica, exemplo vivo desta verdade teológica que ouvi um amigo sábio expressar, há alguns anos: "O antídoto para o desespero é o louvor".

Que tipo de fé capacita alguém a se levantar, como uma fênix, das cinzas do desespero para dar voz às maravilhas de Deus, à grandeza de Deus que nos cerca, ao delicado tecido de graciosidades com que ele dotou o universo e nossa vida? Lembremo-nos do apóstolo Paulo e de seu amigo Silas entoando cânticos na prisão de Filipos, à meia-noite (Atos 16), e de Paulo mandando uma carta cheia de alegria a seus amigos filipenses – carta escrita enquanto estava amarrado a um tronco, num calabouço romano! Consideremos algumas de suas frases:

> Dou graças ao meu Deus todas as vezes que me lembro de vós. (...)
> As coisas que me aconteceram contribuíram para maior proveito do evangelho. (...)
> Sim, devo rejubilar-me. (...)
> Cristo será honrado em meu corpo. (...)
> Se há algum conforto em Cristo (...) completai o meu gozo. (...)
> E ainda que eu seja oferecido em libação (...) folgo e me regozijo. (...)
> Por amor a sofri a perda de tudo. (...)
> Regozijai-vos sempre no Senhor. (...) Seja a vossa equidade notória a todos os homens. (...)
> Aprendi a contentar-me com o que tenho.[3]

Se você quiser empreender um estudo bíblico da Epístola aos Filipenses, examine o último ano e meio da vida de Francisco e entenderá perfeitamente o que Paulo está dizendo.

Tendo em mente a saúde frágil de Francisco e sua resistência à dor, voltemos no tempo para examinar o modo como ele louvava a natureza e refletir, juntos, sobre algumas questões.

VOCÊ É LIBERAL EM QUESTÕES AMBIENTAIS, CORRETO?

Supomos não ser necessário inquirir Francisco a respeito de salvar o planeta, pois, a nosso ver, ele seria "verde", participaria de passeatas de protesto contra bombas e o aquecimento global, atormentaria as indústrias que ameaçam florestas tropicais e pântanos, dirigiria um carro flex (ou uma bicicleta), ficaria na frente de uma escavadora para proteger algum *habitat* animal, reciclaria materiais descartáveis e abraçaria as árvores do jardim todos os dias, antes do café da manhã.

Pode ser. Mas, surpreendentemente, percebemos um senão no modo como Francisco amava a natureza. Irônico que era, ele, rindo da pergunta, replicaria sem dúvida: "Liberal, eu? De maneira alguma. Com relação ao meio ambiente, sou conservador. E, ao contrário dos conservadores de hoje, quero mesmo *conservar* a natureza – mas não pelas razões que vocês imaginam. Aliás, há muita coisa na natureza e no mundo que vocês não notam, pois estão obcecados pela ideia de cercar um lugar e torná-lo seguro para vocês mesmos e seus netos".

No entender de Francisco, a natureza não existe para nós. O Sol não é algo que, esperamos, sairá das nuvens e nos permitirá ir ao jogo de futebol ou nos fornecerá a luz ideal para uma sessão de fotos ao ar livre. O Sol é meu irmão, uma bola de energia imensa arremessada por Deus no meio da Via Láctea a fim de esparzir luz. A Lua não é que se possa ignorar na maioria das noites como o resto da hoste estrelada de Deus, que se acanha diante das luzes artificiais das grandes cidades. A Lua é minha irmã – preciosa e bela. Como meus filhos quando tinham dois ou três anos de idade, contemplemos pela janela seu brilho fulgurante, fechemos os livros e digamos: "Boa noite, Lua!"

Somos todos irmãos: o Sol, a Lua, a luz, mesmo a treva. E Deus é nosso Pai. Esse vínculo pessoal, esse senso de parentesco foi o que perdemos, ao longo dos séculos, construindo edifícios, pavimentando nosso paraíso, instalando a eletricidade. Ficamos desonrados porque não sabemos mais como honrar tudo quanto Deus fez. Na idade do cavalheirismo, Francisco empregava o "tratamento fidalgo" e gracioso" ao falar com as criaturas; Roger Sorrell chamou a isso "o modo típico de Francisco mostrar respeito a todos os seres, prestando-lhes as mesmas homenagens cavalheirescas reservadas a seus 'nobres companheiros humanos da Távola Redonda'".[4]

Sem dúvida, Francisco não desenvolveu essa visão da natureza apenas no ocaso de sua vida. Durante anos, não falou afetuosamente apenas *sobre* flores; falou afetuosamente também *às* flores. Conversava *com* elas e as instava, imaginando que o entendiam, a erguer louvores ao Senhor. Caminhando pelos campos, voltava-se para falar às espigas de milho, às searas das encostas, aos regatos e até ao vento entre as árvores, exortando-os a servir e adorar a Deus jubilosamente. Francisco viu certa vez um hortelão semeando um canteiro novo; e disse a esse estranho: "Não o plantes todo com legumes, mas deixa algum espaço ao mato, às plantas selvagens que produzem nossas irmãs, as flores silvestres".[5]

Sem nenhuma dúvida, Francisco considerava o reino animal uma família ampliada de irmãos no reino de Deus: aves, vacas, macacos, elefantes, todos são nossos irmãos. Fato curioso: a ciência vem tentando ensinar isso às pessoas religiosas, que não aceitam a verdade amável de nosso parentesco, de nossa ligação fisiológica com todas as criaturas de Deus. A moderna descoberta de que o chimpanzé é meu primo teria agradado à fantasia de Francisco; se lhe dissessem que descendemos de um primata comum, daria uma palmada no joelho, exclamando: "Eu sabia!"

Até hoje, estátuas de pedra de alimentadores de pássaros evocam o zelo de Francisco pelos seres vivos, embora quase nenhum jardineiro possuidor de uma dessas estátuas entenda a profundidade de sua união com elas. Caminhando certa vez por uma estrada, ao sul de Assis, Francisco e seus frades ouviram um bando de pássaros pipilar estridentemente. Os outros tentaram espantá-los ou silenciá-los, mas Francisco preferiu falar-lhes. Na verdade, fez-lhes um sermão imortalizado num dos mais famosos afrescos da Idade Média:

> Meus irmãos pássaros, deveis honrar grandemente vosso Criador e amá-Lo sempre. Ele vos deu penas para vos aquecer, asas para voar e tudo o mais de que precisáveis. Ele vos fez nobres entre Suas criaturas e vos reservou um lar na pureza dos ares, de sorte que, embora não semeeis nem colhais, o Criador vos protege e governa sem exigir de vós o mínimo cuidado.[6]

Os passarinhos ergueram as asas e cantaram em sinal de aprovação. Em versões posteriores, Francisco se dirige às aves chamando-as de "irmãs" e lembrando-lhes que Deus lhes dera as árvores por ninhos, não devendo elas, pois, cometer o pecado da ingratidão.[7]

Outros frades seguiram seu exemplo. O companheiro de Francisco, Santo Antônio, pregava aos peixes:

> Caro irmão peixe, tens verdadeiramente obrigação de render graças a teu Criador, que te deu por morada tão nobre elemento. Dispões de água doce ou salgada, a teu gosto. Ele te deu um elemento límpido e transparente, além de nutrição para viveres. Quando veio o Dilúvio (...) Deus só a ti preservou de danos. Deu-te nadadeiras para que fosses aonde te apetecesse. Por ordem divina preservaste Jonas, o profeta. Presenteaste com a moeda do tributo a nosso Senhor Jesus Cristo. Foste o alimento do Rei Eterno Jesus Cristo antes e depois da Ressurreição.[8]

Ver cada criatura em sua relação, não comigo ou meu modo de vida, mas com Deus e o relato da Escritura: isso é sabedoria.

Mas... pregar a pássaros? A peixes? Os cínicos caçoarão. Os pássaros não entendem a fala humana; os peixes sequer a escutam. Mas o leitor não gostaria que, por algum milagre d'Aquele que fez os pássaros, os peixes e o pregador maluco, eles pudessem ouvir? Está bem, eles não ouviram Francisco; mas ouviram-no os frades e nós o entreouvimos. De algum modo, a fala de Francisco às aves, instando-as a ser gratas e reconhecer o carinho de Deus para com elas, modifica-me e ao meu modo de pensar, não apenas sobre as aves, mas sobre minha própria existência sob o céu, sobre a água que bebo e sobre a roupa que visto.

Thomas Merton escreveu:

> Uma árvore glorifica a Deus por ser uma árvore. (...) Ela "aquiesce", digamos assim, a Seu amor criador. Expressa uma ideia que está em Deus (...) portanto, uma árvore imita Deus sendo uma árvore.
>
> Quanto mais uma árvore é ela própria, mais se assemelha a Ele. Se tentasse ser outra coisa que não aquilo que deve ser, não se pareceria tanto com Deus e, consequentemente, O glorificaria menos. (...)
>
> Para mim, ser santo significa ser eu mesmo. Então, o problema da santidade e da salvação resume-se de fato ao problema da descoberta de quem sou, do meu verdadeiro eu.
>
> Árvores e animais não têm problema algum. Deus os fez tais quais são sem os consultar e eles parecem muito satisfeitos.

> Conosco é diferente. Deus nos deixou livres para ser o que quisermos.[9]

Se uma árvore glorifica a Deus singelamente, com menos esforço do que eu, então talvez eu queira apenas abraçar essa árvore e impedir que algum madeireiro a ponha abaixo. Se arrasássemos uma floresta e a substituíssemos por um *shopping center*, alguém acaso exclamaria: "Uma loja glorifica a Deus sendo uma loja"?

Francisco nos convidaria a chorar com ele quando alguma espécie fosse considerada extinta, pois isso significa uma voz a menos no grande coro em louvor Àquele que criou todas as espécies. Diminuir o louvor a Deus é uma prática iníqua, como covarde é a omissão gradual da voz que louva. Assim, devemos proteger plantas e animais, bem como o belo mundo onde eles existem, vivem e se agitam, não em benefício próprio, nem sequer do mundo em si, mas em reverência a Deus.

Podemos vislumbrar conexões, como Francisco vislumbrava, entre natureza e relato bíblico, conexões que com tanta frequência rompemos? Francisco imaginou certa vez:

> Se eu fosse falar ao Imperador, tentaria persuadi-lo, por amor a Deus e a mim, a promulgar uma lei extraordinária que proibisse a qualquer um apanhar e matar nossas irmãs cotovias ou mesmo causar-lhes algum dano. De igual modo, os administradores e senhores de castelos ou aldeias deveriam obrigar seus súditos todos os anos, no dia do Natal do Senhor, a espalhar trigo e outras sementes ao longo das estradas

> (...) pois assim nossas irmãs cotovias e outras aves teriam comida por ocasião de uma festa tão solene. Também, em reverência ao Filho de Deus que a santíssima Virgem Maria depositou nessa noite numa manjedoura entre um boi e um burro (...) quem possuísse um burro ou um boi seria forçado a presenteá-lo, nessa noite, com uma generosa porção do melhor feno. E ainda: nesse dia, todos os pobres receberiam comida farta dos ricos.[10]

Francisco me deixa imaginando onde eu encontraria um político ao qual pudesse falar, se não de pássaros, ao menos de pobres.

Vemos agora que o amor de Francisco à natureza, a paixão de Francisco pelo mundo e suas criaturas têm pouco em comum com nossas questões políticas. Ele se preocupava intensamente com o mundo e tudo que havia nele porque se preocupava com o Criador. São Boaventura escreveu a respeito de Francisco: "Qualquer coisa o conduzia ao amor a Deus, ele exultava por qualquer coisa que viesse de Deus. (...) Via a Beleza Suprema em todas as coisas belas".[11] Francisco procurava amar a Deus em todas as coisas, não apenas em algumas ou só nas de natureza religiosa – mas em todas. Terra, céus, águas e plantas são o palco da glória divina. Não há testemunho maior da bondade e da grandeza do Senhor. Não sei se Francisco alguma vez ouviu falar em Santo Efrém, mas teria admirado sua noção das "três harpas de Deus": o Velho Testamento, o Novo Testamento e a natureza.

TRANSFORMAÇÃO DA BELEZA

Francisco sem dúvida já admirava as maravilhas do mundo bem antes de sua conversão a um relacionamento mais íntimo com Cristo. A mudança por que passou deve ter sido esta: seu amor à beleza do mundo "se transformou no amor à beleza de Deus. Deus é beleza e fez belas todas as coisas. Francisco começou a ver beleza até na fealdade".[12] Também o evangelho não nos induz a esse mesmo tipo de visão, isto é, descobrir o bonito no feio? Deus encarnou numa forma humana perfeita: "Formoso Senhor Jesus ... Belíssimo Salvador".[13] Os homens, porém, o flagelaram e o coroaram de espinhos; pregaram-no a uma cruz de madeira e perfuraram-lhe o flanco com uma lança.

> Não tinha graça nem formosura; e olhando nós para ele, nenhuma beleza víamos para que o desejássemos... como um de quem os homens escondem o rosto ele era desprezado.
> (Isaías 53:2-3)

Contudo, nessa feiura percebemos a esplêndida beleza de nosso Deus. Francisco compreendia tudo isso, agora que seu corpo estava em estado deplorável, com mãos, pés e ventre sangrando espontaneamente. Sua intimidade com o Jesus crucificado foi justamente o que lhe despertou a maior admiração imaginável pela natureza. A própria natureza não recuou, horrorizada, quando Jesus padeceu? Francisco refletia sobre tudo isso e acreditava que, quando Jesus morreu, toda a natureza o pranteou. A cruz de

Cristo tornou-se a armação onde Francisco suspendeu sua adoração pelas flores: ele as protegia "por amor Àquele que foi chamado a Rosa do prado e o Lírio das encostas"; poupava as árvores "por amor ao Cristo, que quis promover nossa salvação na madeira da cruz".[14]

Será que estamos distanciados do Cristo a ponto de não notar e reverenciar as maravilhas da natureza? Será que só percebemos a glória da natureza quando nos achegamos ao coração trespassado de Jesus? No ano 1305, após orar em LaVerna, no próprio lugar onde Francisco recebeu os estigmas, Ubertino da Casale escreveu estas palavras profundas sobre o santo:

> Admirando coisas belas, ele contemplava o Belo; nas criaturas frágeis, reconhecia as dores que Jesus, em Sua bondade, padeceu por nossa salvação. De tudo fez uma escada para poder chegar Àquele que amava. Especialíssimo, entretanto, era o amor por Cristo na cruz, cujo efeito foi tal, e tão duradouro, que ele passou a ostentar, não só na alma, mas também na aparência física, a similitude do Crucificado.[15]

Poderá qualquer coisa servir de escada? Que dizer dos conflitos e lutas entre nações? Ou das discórdias em nossos lares e almas? Como Francisco é tido por pacificador, precisamos perguntar:

AINDA HAVERÁ PAZ NO MUNDO?

Já que Francisco é associado à natureza e ao conceito de paz, tenho muita vontade de procurá-lo através dos séculos e perguntar-lhe se a concórdia é possível em nosso mundo, aparentemente muito mais complicado e sem propósito que o dele. E se Francisco clamasse pela paz, eu sem dúvida pediria detalhes sobre o processo, a estratégia, por onde começar e o que fazer em seguida. Ainda haverá paz no mundo?

No ano de sua morte, o santo compôs o Cântico das Criaturas. Ele e seus amigos liam-no, cantavam-no com frequência; mas um dia Francisco acrescentou-lhe uma estrofe e pediu aos frades que entoassem a versão ampliada em praça pública, onde estariam presentes, em certa data, o bispo e o prefeito. Os dois homens mais poderosos da cidade já tinham ouvido o Cântico várias vezes, mas logo perceberam que um verso fora ali interpolado – obviamente, em seu benefício. Haviam se indisposto um com o outro, travando uma guerra de palavras que parecia irreconciliável. Os frades encerraram a apresentação e as duas autoridades, para espanto de todos, se encontraram no meio da praça – e, "com imensa ternura e afeto, abraçaram-se e beijaram-se".[16]

Que estrofe era essa? Logo depois do conhecido louvor ao Irmão Sol, Irmã Lua, Irmão Vento, Irmã Água, Irmão Fogo e Irmã Terra, bispo e prefeito ouviram o seguinte:

Louvado sejas Tu, Senhor meu,
Por aqueles que, em nome de Teu amor, perdoam,
Dando desse amor prova e testemunho.
Abençoados sejam os que tudo suportam em paz,
Pois serão coroados por Ti, Altíssimo.[17]

Como serenar uma querela entre dois cabeças-duras? Francisco poderia tê-los procurado e dito: "Acho que o bispo está certo e o prefeito é um imbecil" ou "Religião e política não se misturam, portanto evitem-se um ao outro" ou ainda "Façam as pazes ou Deus os castigará". Mas, em vez disso, não falou com nenhum deles e sim com Deus, compondo um hino de louvor sobre uma verdade nem sempre clara: a reconciliação é, de fato, obra de Deus, um presente que só o Altíssimo pode dar. Reiterou uma certeza a que já aludimos antes, a de que o antídoto contra todos os tipos de tribulação humana é o louvor: não solucionamos um conflito recorrendo a esta ou aquela técnica de reaproximação entre os contendores, mas voltando-nos para Deus a fim de louvá-lo. Então, de um modo misterioso (mas não inteiramente desconcertante), a reconciliação acontece.

Pode haver paz? Achamos que a força faz o direito, confiamos no camarada que tem armas e não hesitamos em classificar o pacifista de fraco, iludido, liberal sem os pés no chão. Lembremo-nos, porém, de que Francisco foi soldado. Envergou armadura e conduziu cidadãos à guerra. Voltou ferido e, hoje, receberia medalhas. Viveu no tempo das Cruzadas, quando os jovens mais brilhantes e promissores da Europa "tomaram a cruz": costurado ao peitoral antes de entrarem em batalha, ostentavam o símbolo sagrado de nossa fé. Francisco vestiu os apetrechos militares, mas de algum modo intuiu uma maneira revolucionária e criativa de "tomar a cruz", mais semelhante ao modo como Jesus tomou a sua, e, penetrando nas zonas de conflito, instaurou ali a paz.

Para Francisco, a paz não dizia respeito tanto a si mesma quanto a Jesus. Para estar perto de Jesus ou ser como Jesus, você tem de se alistar nas fileiras da paz. Francisco renunciou a seus bens para se aproximar do Cristo – e não se percebe, nesse despojamento, uma pista para a pacificação? As lutas políticas – e, no final das contas, qualquer guerra – não são travadas para proteger ou obter posses, propriedades ou simplesmente dinheiro?

Talvez você já tenha ouvido dizer que São Francisco concebeu a ideia de montar presépios vivos no Natal; menos óbvio, porém, é que com isso ele apontava o caminho para a paz política. Aproximando-se o Natal de 1223, ele recorreu ao auxílio de um amigo em Greccio: trouxeram-se animais, acenderam-se tochas e o povo reencenou a história da Natividade. Tomás de Celano imortalizou o momento numa frase elegante: "Ele fez de Greccio uma nova Belém".[18] Antes de emitir um suspiro sentimental, convém que o leitor repare no peso político da cena da manjedoura. Na ocasião, os cruzados lutavam para destruir os ocupantes da Terra Santa e controlar Belém militarmente. Mas, como agora Belém podia estar em todos os lugares, até mesmo na Itália, não era mais preciso viajar à Terra Santa a fim de conquistá-la.[19]

As três melhores histórias de Francisco que conhecemos referem-se à pacificação. Da primeira, meus filhos gostaram a tal ponto que montamos um teatrinho de bonecos para reencenar a visita do santo a seus amigos da cidadezinha de Gubbio. As portas estavam fechadas e lá dentro os habitantes, com ares ferozes, brandiam facões. Um lobo andava aterrorizando a área. Na verdade, já devorara diversos cidadãos de Gubbio! Quando um grupo armado se aventurava pelas colinas, o lobo se escondia ou lograva comer um de seus perseguidores. Francisco disse: "Vou conversar com meu irmão, o lobo". Os homens lhe ofereceram armas, mas ele se foi para os morros de mãos vazias, enquanto, do alto das muralhas, todos espiavam aguardando o que seria, ninguém o duvidava, a morte do imprudente.

O lobo não tardou a aparecer, é claro – rosnando, babando e arreganhando as presas. Quando se aproximava, Francisco fez o sinal da cruz. O lobo sentou-se. Francisco falou: "Irmão Lobo, você tem causado muitos prejuízos por aqui. (...) Bem merece a pena capital por ser ladrão e o pior dos carniceiros. Mas eu, Irmão Lobo, quero reconciliá-lo com os habitantes".[20] Instou-o a arrepender-se e o lobo curvou a cabeça, entristecido. Francisco prosseguiu, observando em volta a terra seca e a penúria de alimentos que devia haver por ali: "Sei bem que você causa todos esses males porque tem fome". O lobo ergueu os olhos. Francisco propôs um acordo: se o lobo confessasse seus pecados, prometendo não mais aterrorizar as pessoas, estas lhe dariam comida todos os dias. Francisco estendeu a mão e o lobo, correspondendo, ergueu a pata.

No começo, os cidadãos de Gubbio ficaram desconfiados e com um pé atrás. Mas, depois de algum tempo, começaram a confiar no lobo. O Irmão Lobo entrava e saía de suas casas à vontade. Era um bichinho de estimação. Nem os cães ladravam contra ele. Dois anos depois, quando ele morreu, todos choraram. E em 1873, operários que reparavam um piso descobriram um crânio de lobo cuidadosamente sepultado sob uma capela dedicada a São Francisco. Carlo Carretto concluiu, com finura, que a surpresa não é "o lobo ter ficado manso, mas o povo de Gubbio ter deixado de ser agressivo".

Portanto, o milagre daquela manhã em Gubbio não foi a conversão do lobo e sim a conversão das pessoas que lá viviam – as quais, por um breve instante, acreditaram que uma fera perigosa poderia ser amansada com o dom do alimento e não com a ponta de facões.[21]

BEM-AVENTURADOS OS PACIFICADORES

Muito fantasioso? Preferem uma história em que Francisco converse com gente e não com carnívoros selvagens? Certa feita, três ladrões perversos pediram comida à porta da casa dos frades em Monte Casale. Sabendo da péssima reputação que tinham, o porteiro mandou-os embora com palavras ásperas. Pouco depois Francisco chegou e foi informado do incidente. "Eles podem ser levados de volta a Deus mais facilmente com doçura do que com admoestações cruéis."[22] Lembrou ao porteiro o ensinamento de Jesus: "Não é o homem saudável que precisa de médico, mas o doente; não vim para chamar os justos e sim os pecadores". Francisco pediu ao porteiro que encontrasse os ladrões, entregasse a eles pães e um jarro de vinho, e os trouxesse de volta como convidados. Não sabemos quem se espantou mais, se o porteiro ou os ladrões. A suspeita levou ao remorso e depois à reconciliação. De volta a Monte Casale, os malfeitores foram recebidos com alegria e misericórdia – e, depois de algumas semanas, todos três se tornaram frades da ordem franciscana.

Outra história muito oportuna em nossos dias de tensão entre Oriente e Ocidente, árabes e ocidentais: Francisco, para surpresa geral, juntou-se à horda de soldados e cavaleiros chefiados por Leopoldo da Áustria e João de Brienne, durante a Quinta Cruzada contra os muçulmanos do Oriente Médio. Chegando em Damieta, no Egito, ao final do verão de 1219, os cruzados foram postos em formação de batalha.

Descalço, sem espada nem escudo, Francisco avançou corajosamente pela terra de ninguém em direção à vanguarda árabe. Sacando das cimitarras, os muçulmanos se prepararam para matá-lo. Mas o homenzinho parecia tão digno de pena, tão indefeso que o pouparam, levando-o em seguida à presença do sultão, Malik el-Kamil, que ficou intrigado ante a confiança daquele combatente sem armas. Ao que se conta, o sultão lhe disse: "Irmão Francisco, de bom grado me converteria à fé de Cristo, mas temo fazê-lo no momento porque, se as pessoas aqui souberem disso, imediatamente matarão a nós dois e aos teus companheiros".[23] Seguiu-se uma curta trégua e o sultão deu a Francisco um presente delicado: um olifante, pequena trombeta de marfim e prata que tocava para convocar seus homens à caça ou à batalha. Francisco guardou extremosamente o objeto e, de volta a casa, passou a usá-lo para chamar os frades à prece. Hoje, os visitantes da basílica de Assis podem vê-lo, preservado numa redoma de vidro. Será isso uma pista para o modo de fazer a paz hoje?

Há alguns anos, em resposta a um sermão sobre o tema "Bem-aventurados os pacificadores", um paroquiano me enviou um e-mail explicando quão irrealista e irresponsável é o *passivismo*. Talvez o que li na tela do computador fosse apenas um erro de grafia; mas achei que aquela pessoa, certamente não a única, identificava *pacifismo* com *passivismo*, pois de certo modo *paz* sugere não fazer nada, ficar passivo em face do mal. Jesus, porém, não recomendou que não se fizesse coisa alguma; queria que algo fosse feito. *Pacifismo* é a disposição a "fazer" a paz. Disse Jesus: "Bem-aventurados os que fazem a paz, os promotores da paz". Para fazer a paz, você precisa se envolver, você precisa agir; tem um monte de trabalho à sua frente.

Talvez se exija, às vezes, um ato extraordinário. Francisco avançou pela terra de ninguém; deu pão e vinho a gatunos. Lembra-se da história do rei Saul perseguindo Davi para assassiná-lo? Por acaso, Davi encontrou o rei adormecido numa caverna. Em vez de aproveitar a oportunidade e dar cabo dele, praticou um ato extraordinário: embora arriscasse sua própria sobrevivência, poupou o rei (I Samuel 24; I Samuel 26). Esse gesto extravagante, essa recusa a exibir poder, essa mostra de espantosa ternura: eis o começo da paz. Dietrich Bonhoeffer disse: "Só poderá haver paz (...) quando ela não repousar em mentiras e injustiça". E, no mesmo sermão, acrescentou: "O perdão dos pecados é ainda a única base para a paz de um modo geral".[24] Digamos a verdade; trabalhemos pela justiça; perdoemos.

Que é perdoar senão reproduzir o amor de Deus, ver o próximo como Deus o vê? Francisco sabia o que é o amor. G. K. Chesterton escreveu que Francisco parecia "ter amado a todos, mas especialmente àqueles que todos o censuravam por amar". E ainda: "A vida inteira, Francisco mostrou enorme afeto por aqueles que haviam sido condenados irremissivelmente a uma existência de erros".[25] Não será possível trazer a paz amando quem somos desprezados por amar? Ou quem se acha para sempre nas garras do mal? Amo alguém e sou criticado por isso?

Os leprosos iam ter com Francisco. Nenhum médico admitia tocá-los, mas Francisco cuidava de seus "irmãos em Cristo" com ternura, lavava-lhes as chagas, abraçava e beijava esses párias da sociedade, chegou mesmo a construir um hospital para eles. Um dos leprosos, em especial, era grosseiro e irrequieto, esgotando a paciência até dos frades mais dedicados, que estavam prestes a mandá-lo embora. Mas Francisco interveio e cuidou pessoalmente do homem. Preparou-lhe um banho tépido com ervas medicinais e rezou contritamente, zelando por ele durante semanas. Um duplo milagre aconteceu: o homem ficou curado não apenas da lepra, mas também da grosseria.

Com frequência, Francisco tirava suas roupas e dava-as aos pobres. Seu amor a essas criaturas era suave, generoso. "Via a multidão como uma pessoa só e pregava fervorosamente a uma pessoa só como se fosse uma multidão."[26] Se encontrava na estrava uma pessoa carregando um fardo, insistia em tomá-lo aos próprios ombros.

Murray Bodo assim resumiu a fórmula de Francisco para a paz: "Você precisa baixar a guarda e tentar cingir o que lhe parece repulsivo e perigoso. Só então haverá paz e só o amor pode trazê-la".[27] Francisco deixou a segurança da vida por trás dos muros de Assis e viveu no mundo, ao ar livre, onde a segurança valia menos que encontrar novos amigos. Jonathan Sacks, aconselhando-nos a abolir as diferenças entre pessoas, perguntou: "Podemos ouvir a voz de Deus numa língua, numa sensibilidade, numa cultura que não sejam as nossas? Podemos notar a presença de Deus no rosto de um estranho?"[28]

Não é que devamos acolher o estranho apenas quando ele aparecer. "Tolerância" não é uma virtude cristã. Devemos procurar lá fora o estranho, o leproso. Somos servos humildes, prontos a renunciar a tudo para honrar o semelhante, o necessitado; não esperamos que nos peçam auxílio; saímos à cata da oportunidade de servir aqueles que ainda não se dispuseram a solicitar nossos préstimos.

Pois algo "natural" caminha em nossa direção e a pergunta é se estaremos preparados para receber o mais indesejado dos estranhos: a morte. Sofrendo muito, Francisco deus as boas-vindas àquilo de que fugimos, sua própria morte, como o fizeram inúmeros mártires e grandes santos ao pressentir-se na iminência de comparecer à presença eterna de Deus. Admiramo-nos do modo como Francisco morreu: em união tão íntima com a natureza.

> Sê louvado, Senhor, por nossa irmã, a morte do corpo
> A que nenhuma criatura viva se pode furtar.
> Ai dos que se vão em pecado!
> Benditos são os que descobrem tua santa vontade,
> Pois a segunda morte em nada os prejudicará.[29]

CONCLUSÃO

Chegamos ao fim, ao menos por agora. Há muito mais a dizer e nosso relacionamento com Francisco continuará. Sinto-me um tanto culpado quando penso em Francisco, na excelência de sua fé e modo de vida. Mas então me lembro de que ele era "implacável consigo mesmo", como disse Leonardo Boff, e "não muito com seus irmãos".[1] Um frade tentou juntar-se a Francisco num jejum de quarenta dias, mas isso não lhe foi fácil. Certa noite, revolvia-se na cama, chorando e incapaz de dormir. Francisco ouviu-o e trouxe-lhe um pedaço de pão, que ambos compartilharam.

Nunca sei bem se devo ser confortado ou desafiado pelas derradeiras palavras de Francisco – talvez devesse ser confortado *e* desafiado. Ele não disse: "Façam o que eu fiz", mas: "Fiz o que me cabia fazer; possa Cristo ensinar a vocês o que deseja que façam".[2] Sigamos Aquele que ele seguiu, ponhamo-nos em suas pegadas, rezemos para conhecer e cumprir a vontade de Deus, sabendo sempre que o custo será alto, mas cientes de que o sacrifício se transformará em deleite quando nossos olhos se abrirem para as alegrias da criação e o gozo da intimidade com Cristo.

Obrigado a todos por participarem comigo deste diálogo. Visitem Assis algum dia, para que também possam percorrer os caminhos que percorri e orar onde orei. Façam-no em companhia de uma pessoa ou grupo de que gostem. Leiam sobre Francisco; rezem suas rezas; dependurem imagens suas aqui e ali.

E, de vez em quando, lembrem-se deste momento lendário: Francisco entrou numa caverna e orou o dia inteiro. Ao sair, com o sol se pondo, o irmão Leo lhe perguntou: "Deus lhe disse alguma coisa hoje?" Francisco respondeu: "Não, nada". No dia seguinte, Francisco orou de novo até o entardecer; quando terminou, Leo repetiu a pergunta: "Deus lhe disse alguma coisa hoje?" E, de novo, Francisco respondeu: "Não, nada".

Isso se repetiu por vários dias. Então, uma tarde, Francisco emergiu da caverna. Mais por hábito que por curiosidade, Leo lhe perguntou: "Deus lhe disse alguma coisa hoje?" E Francisco: "Sim". Os olhos de Leo se arregalaram: "Disse?! O quê?" Francisco respondeu: "Hoje, ele me sussurrou apenas uma palavra". "Que palavra foi essa? Que disse Deus?", insistiu Leo. E Francisco replicou: "Deus disse simplesmente 'Mais'". Mais. Deus queria mais de Francisco. Mais de seu coração, mais de sua alma, mais de seu eu. Se nós nos ajoelharmos e orarmos com Francisco, ouvindo com atenção, poderemos estar certos de que Deus nos dirá: "Mais".

NOTAS

Introdução

1. Arnaldo Fortini, *Francis of Assisi*, trad. Helen Moak (Nova York: Crossroad, 1981), p. 86.

2. Henri Nouwen, *iGracias!: A Latin American Journal* (San Francisco: Harper & Row, 1983), p. 11.

3. Ver Jacques Dalarun, *The Misadventure of Francis of Assisi: Toward a Historical Use of the Franciscan Legends*, trad. Edward Hagman (Saint Bonaventure: Franciscan Institute, 2002).

Capítulo 1: A Vontade de Deus

1. Regis J. Armstrong, J. A. Wayne Hellman e William J. Short, orgs., *Francis of Assisi: Early Documents*, vol. 2 (Nova York: New City Press, 2000), p. 228.

2. Regis J. Armstrong, J. A. Wayne Hellman e William J. Short, orgs., *Francis of Assisi: Early Documents*, vol. 1 (Nova York: New City Press, 1999), p. 187.

3. Pierre Brunette, *Francis of Assisi and His Conversions*, trad. Paul Lachance e Kathryn Krug (Quincy, Mass.: Franciscan, 1997).

4. *Early Documents*, 1:124; Michael Robson, *St. Francis of Assisi: The Legend and the Life* (Londres: Geoffrey Chapman, 1997), p. 19.

5. Jean Vanier, *From Brokenness to Community* (Nova York: Paulist, 1992), p. 16.

6. Robert D. Richardson, *Henry Thoreau: A Life of the Mind* (Berkeley: University of California Press, 1988), p. 282.

7. Henry David Thoreau, *Walden*, p. 42.

8. Nicholas Lash, "Performing the Scriptures", em *Theology on the Way to Emmaus* (Londres: SPCK, 1986), pp. 37-46.

9. John M. Sweeney, *The St. Francis Prayer Book: A Guide to Deepen Your Spiritual Life* (Brewster: Paraclete, 2004), pp. 125-26.

Capítulo 2: O Valor das Posses

1. Joan Mueller, *The Privilege of Poverty: Clare of Assisi, Agnes of Prague, and the Struggle for a Franciscan Rule for Women* (University Park: Pennsylvania State University Press, 2006), p. 2.

2. *Early Documents*, 1:220.

3. Murray Bodo, *The Way of St. Francis: The Challenge of Franciscan Spirituality for Everyone* (Nova York: Image, 1984), p. 20.

4. *Early Documents*, 2:89.

5. *Early Documents*, 1:218.

6. *Ibidem*, p. 466.

7. Paul Sabatier, *The Road to Assisi*, org. Jon M. Sweeney (Brewster: Paraclete, 2003), p. 64.

8. *The Little Flowers, Legends, and Lauds*, org. Otto Karrer, trad. N. Wydenbruck (Londres: Sheed & Ward, 1947), p. 161.

9. Murray Bodo, *Juniper: Friend of Francis, Fool of God* (Cincinnati: St. Anthony Messenger, 1983), p. 28.

10. Marilynne Robinson, *Gilead* (Nova York: Farrar, Straus, Giroux, 2004), p. 31.

11. Claus Westermann, *Genesis 37-50*, trad. John J. Scullion (Minneapolis: Augsburg, 1986), p. 37.

12. Walter Brueggemann, *Genesis* (Atlanta: John Knox, 1982), p. 315.

13. G. K. Chesterton, *St. Francis of Assisi* (Garden City, N.Y.: Image, 1957), pp. 101-103.

14. Bodo, *The Way of St. Francis*, p. 57.

15. Mother Teresa, *My Life for the Poor*, org. José Luis González-Balado e Janet N. Playfoot (San Francisco: Harper & Row, 1985), pp. 78-79.

16. Jürgen Moltmann, *The Source of Life: The Holy Spirit and the Theology of Life*, trad. Margaret Kohl (Minneapolis: Fortress, 1997), p. 109.

Capítulo 3: O Dilema da Família

1. *Early Documents*, 2:74.

2. *Ibidem*, p. 80.

3. Charles Dickens, *Bleak House*; "telescopic philanthropy" vem no título do capítulo 4.

4. Bodo, *The Way of St. Francis*, p. 55.

5. *Early Documents*, 2:37.

6. *Ibidem*, p. 82.

7. Nicholas Wolterstorff, *Lament for a Son* (Grand Rapids: Eerdmans, 1987), pp. 64-65.

8. *Early Documents*, 1:182.

9. Lawrence S. Cunningham, *Francis of Assisi: Performing the Gospel Life* (Grand Rapids: Eerdmans, 2004), p. 6.

10. *Early Documents*, 1:429.

11. *The Confessions of St. Augustine*, 1.11.17, trad. John K. Ryan (Garden City, N.Y.: Image, 1960), p. 54.

12. *Early Documents*, 1:192.

13. Brunette, *Francis of Assisi and His Conversions*, p. XV.

14. Bodo, *The Way of St. Francis*, p. 57.

15. *Early Documents*, 1:49.

16. *Ibidem*, p. 122.

17. L. Gregory Jones, "Our Children's Happiness", em *Everyday Matters: Intersections of Life and Faith* (Nashville: Abingdon, 2003), pp. 99-102.

Capítulo 4: A Pequenez da Igreja

1. Edwin Mullins, *Cluny: In Search of God's Lost Empire* (Nova York: Bluebridge, 2006), pp. 173-174.

2. Afirmam alguns que ele foi batizado em San Giorgio; outros, em Santa Maria Maggiore (Linda Bird Francke, *On the Road with Francis of Assisi: A Timeless Journey Through Umbria and Tuscany, and Beyond* [Nova York: Random House, 2005], p. 10); fala-se também na fonte de San Rufino, a catedral em reconstrução parcial quando Francisco nasceu.

3. Karl Barth, *Dogmatics in Outline*, trad. G. T. Thompson (Nova York: Harper & Row, 1959), pp. 144-45.

4. W. H. Vanstone, *Love's Endeavour, Love's Expense: The Response of Being to the Love of God* (Londres: Darton Longman Todd, 1977), p. 109.

5. Lawrence S. Cunningham, em *Francis of Assisi: History, Hagiography and Hermeneutics in the Early Documents*, org. Jay M. Hammond (Hyde Park, Nova York: New City, 2004), p. 165.

6. Simone Weil, *Waiting for God*, trad. Emma Craufurd (Nova York: Harper Colophon, 1951), p. 67.

7. *Early Documents*, 1:77.

8. Antigos relatos indicam que o encontro com o papa foi marcado com antecedência pelo bispo Guido e o cardeal João de São Paulo; no entanto, relatos posteriores dão a chegada de Francisco como mais espontânea. Ver Robson, *St. Francis of Assisi* (1997), pp. 73-77.

9. *Early Documents*, 1:63-64. Numa carta a Leo, já no fim da vida, Francisco reiterou o tema de seguir as pegadas (*vestigii*) de Cristo.

10. *Ibidem*, p. 64.

11. Jonathan S. Campbell, *The Way of Jesus* (San Francisco: Jossey-Bass, 2005), p. 39.

12. Simone Weil, *Waiting for God*, pp. 67-68.

13. Ulrich Luz, *Matthew in History: Interpretation, Influence, and Effects* (Minneapolis: Fortress, 1994), pp. 40, 45.

Capítulo 5: Uma Leitura Literal da Bíblia

1. *Early Documents*, 1:459-60.

2. Nicholas Lash, "Performing the Scriptures", pp. 37-46.

3. Cunningham, em *History, Hagiography and Hermeneutics in the Early Documents*, org. Hammond, p. 175.

4. *Early Documents*, 1:202.

5. Sabatier, *The Road to Assisi*, p. 118.

6. Cunningham, *Francis of Assisi: Performing the Gospel Life*, p. 125. Giles lamentava: "Paris destruiu Assis" (Robson, *St. Francis of Assisi*, p. 182). Temos também a dura crítica de Jacopone da Todi: "Com dor e tristeza, vejo Paris destruir Assis pedra por pedra. Com toda a sua teologia, eles puseram a Ordem numa senda esboroada" (Cunningham, *Francis of Assisi: Performing the Gospel Life*, p. 126).

7. Ver Dalarun, *The Misadventure of Francis of Assisi*, p. 255; Etienne Gilson, *The Philosophy of Saint Bonaventure* (Nova York: Sheed and Ward, 1938), pp. 81-82.

8. Ver Dalarun, *The Misadventure of Francis of Assisi*, p. 250.

9. Rowan Williams, *Where God Happens: Discovering Christ in One Another* (Boston: New Seeds, 2005), p. 147.

10. *Early Documents*, 1:107.

Capítulo 6: A Imitação de Cristo

1. Com base em Frances Young, *Virtuoso Theology: The Bible and Interpretation* (Cleveland: Pilgrim, 1993), ver Cunningham, "Francis Naked and Clothed", em *History, Hagiography and Hermeneutics in the Early Documents*, org. Hammond, p. 174.

2. Regis J. Armstrong, J. A. Wayne Hellman e William J. Short, orgs., *Francis of Assisi: Early Documents*, vol. 3 (Nova York: New City Press, 2001), p. 566.

3. *Ibidem*, p. 578.

4. *Early Documents*, 1:283.

5. Charles Wesley, "Love Divine, All Loves Excelling", 1747.

6. Albert Schweitzer, *The Quest of the Historical Jesus* (Baltimore: Johns Hopkins University Press, 1998), p. 4.

7. George Marshall e David Poling, *Schweitzer: A Biography* (Baltimore: Johns Hopkins University Press, 2000), p. 49.

8. *Ibidem*, p. 56.

9. *Early Documents*, 1:254.

10. G. K. Chesterton, *St. Francis of Assisi* (Garden City: Image, 1957), 117-18.

11. *The Beatitudes for Today* (Louisville: Westminster John Knox, 2006).

12. Chesterton, *St. Francis of Assisi*, pp. 40, 47.

13. John Chrysostom, "Homilies on the Gospel of St. Matthew", em *Nicene and Post-Nicene Fathers*, org. Philip Schaff, vol. 10 (Edimburgo: T. & T. Clark, 1991), p. 473.

14. *Early Documents*, 2:148.

15. Sabatier, *The Road to Assisi*, p. 18.

16. Michael Robson, *St. Francis of Assisi: The Legend and the Life* (Londres: Geoffrey Chapman, 1997), p. 224.

17. "The Legend of the Three Companions", em *The Little Flowers, Legends and Lauds: St. Francis of Assisi*, p. 27.

18. Michael Robson, *St. Francis of Assisi: The Legend and the Life* (Londres: Geoffrey Chapman, 1997), p. 190.

19. *Early Documents*, 1:254.

20. *St. Francis of Assisi: Writings and Early Biographies; English Omnibus of the Sources for the Life of St. Francis*, org. Marion Habig, trad. Raphael Brown (Chicago: Franciscan Herald Press, 1973), p. 1448.

21. Um estudo abrangente por um autor de tendências céticas é Ian Wilson, *Stigmata: An Investigation into the Mysterious Appearance of Christ's Wounds in Hundreds of People from Medieval Italy to Modern America* (Nova York: Harper & Row, 1989).

22. Francke, *On the Road with Francis of Assisi*, p. 199.

23. *Early Documents*, 3:458-59.

Capítulo 7: Paz para a Criação e a Humanidade

1. Citado e belamente comentado por Hammond em *Francis of Assisi: History, Hagiography and Hermeneutics in the Early Documents*, p. 138.

2. Cunningham, *Francis of Assisi: Performing the Gospel Life*, p. 99.

3. Citações de Filipenses nas traduções em língua inglesa: 1:3 KJV; 1:12 NIV; 1:19 RSV; 1:20 RSV; 2:1-2 RSV; 2:1-17 RSV; 3:8 RSV; 4:4-5 RSV e 4:11 RSV.

4. Roger D. Sorrell, *St. Francis of Assisi and Nature* (Nova York: Oxford University Press, 1988), p. 71.

5. Chiara Frugoni, *Francis of Assisi: A Life* (Nova York: Continuum, 1999), p. 13.

6. *Early Documents*, 1:234.

7. *Early Documents*, 3:593.

8. *Ibidem*, 3:632-33.

9. Thomas Merton, *New Seeds of Contemplation* (Nova York: New Directions, 1961), pp. 29, 31.

10. *Early Documents*, 3:363.

11. *Little Flowers, Legends and Lauds*, p. 164.

12. Gerard Thomas Straub, *The Sun and Moon Over Assisi: A Personal Encounter with Francis and Clare* (Cincinnati: St. Anthony Messenger, 2000), p. 62.

13. Münster Gesangbuch, "Fairest Lord Jesus", 1677. Trad. Joseph August Seiss, 1873.

14. Sorrell, *St. Francis of Assisi and Nature*, p. 139.

15. *Early Documents*, 3:173.

16. Cunningham, *Francis of Assisi: Performing the Gospel Life*, p. 100.

17. *Ibidem*.

18. *Early Documents*, 1:255.

19. Frugoni, *Francis of Assisi*, p. 115.

20. *Early Documents*, 3:602.

21. Carlo Carretto, *I, Francis*, trad. Robert R. Barr (Maryknoll, N. Y.: Orbis, 1982), pp. 75, 80.

22. *Early Documents*, 3:610.

23. *Ibidem*, p. 606.

24. Dietrich Bonhoeffer, *No Rusty Swords*, trad. John Bowden, org. Edwin Robertson (Nova York: Harper & Row, 1956), p. 168, comentado com fundamentos sólidos por Stanley Hauerwas, *Performing the Faith: Bonhoeffer and the Practice of Nonviolence* (Grand Rapids: Brazos, 2004), pp. 13-72.

25. Chesterton, *St. Francis of Assisi*, pp. 40, 47.

26. *Early Documents*, 1:245.

27. Bodo, *The Way of St. Francis*, p. 15.

28. Jonathan Sacks, *The Dignity of Difference: How to Avoid the Clash of Civilizations* (Londres: Continuum, 2003), p. 5.

29. Cunningham, *Francis of Assisi: Performing the Gospel Life*, p. 111.

Conclusão

1. Leonardo Boff, *Saint Francis: A Model for Human Liberation*, trad. John W. Diercksmeier (Nova York: Crossroad, 1989), p. 21.

2. Gerard Thomas Straub, *Sun and Moon Over Assisi*, p. 128.